心の保育を考える

Case 67

Gakken

はじめに

心の保育は・・・・・

「この子は何を言いたかったの?」

「何をしたかったのかな?」

「どんな気持ちなのかしら?」

などと、子どもの心の声を想像することから始まります。

心の保育とは、子どもの心に添ってかかわることなのです。

心の保育にたいせつなことは・・・・・

いつも子どもをよく見ていること、
ひとりひとりの発達の状態を知ること、
自分の気持ちを伝えること、
自分の想像力を磨くこと、
保育者としての願いを持つことです。
そうすることで、あなたが子どもの安全基地となって、
支えることができたらよいですね。

心の保育をしていると・・・・・・

自分自身の心を知ることがあります。
そして、自分の心をたいせつにすることが、
子どもの心をたいせつにすることになると
気づくでしょう。

日々の忙しさに追われてしまうと、活動のねらいや
あなた自身の子どもへの願いが強くなり、
子どもの心の声を忘れてしまうことが
あります。

困ったときは、ケースを参考に対応に役だててください。
疲れたときには第9章で、心をいやしてください。
この本が、あなたの心の保育の支えになることを
願っています。

ntents

● Contents ●

第1章 2～5歳の子どもの発達を知ろう

子どもの発達を知る目的は、
ひとりひとりの個人差を知り、
子どもの持てる力や芽生えようとしている力を
伸ばすために、より適切な援助をすることにあります。
子どもを「年齢の基準」に当てはめて、発達が早い、
遅いなどの判断をするためのものではありません。
子どもの個人差を理解し、
心に添った保育をしていきたいですね。

お話

発達心理学の立場から◆岩立京子先生／東京学芸大学教授
保育の現場から◆安見克夫先生／板橋富士見幼稚園園長（東京都）

②歳児のよくある姿

2～3歳児は非常に発達の個人差が大きい時期で、集団経験の有無によっても、違ってきます。発達の目安は、前後1年くらいの幅を持たせましょう。

自分の思うようにならないと「泣く・わめく」

発達から見ると…

自我が芽生えている

2歳児はまだ、他者をほとんど意識せず、自分の意識の中だけで生活しています。自我が芽生え始めているのですが、感情をことばにすることがまだできません。そのため、自分の意思がうまく伝わらないと、泣いたりわめいたりして、気持ちを表現するのです。（安見）

自我（＝自己意識）の発達過程

1歳代	名まえを呼ばれると「はい」と答えるようになり、その名まえが自分を示すことがわかるようになる。しかし、自分を客観的に確認する意識はまだない。
2歳代	「○○ちゃん、いい子だね」と大人から言われると、「自分はいい子なのかな」と思うなど、自分を客観的に見る目が、だんだんと育ち始める（自己意識の芽生え）。
3歳代	「走ると疲れる」とか、「お絵かき嫌い」のように、自分の気持ちを言えるようになる（自己概念の形成）。「もっとうまくかけるはず」という思いと、「うまくかけない」現実にどうしてよいかわからず、かんしゃくを起こすことがある。
4～5歳代	「ぼくは人気者なんだ」「自分は頭がいい」など、集団の中の自分を意識し、表現できるようになる。また、自分を複数の視点から見られるようになり、それを意識することで、自分の行動を変えることができる。（岩立）

欲しい物は直接行動で奪い取る

発達から見ると…

気持ちを明確に意識化できない

2歳児では、同じあそびで出会ったり、共通に使う物を通してかかわる子が、友だちになっていきますが、まだ友だちひとりひとりを意識しているわけではありません。自己中心的な時期ですが、人の気持ちに気づく力が芽生え始めてもいます。しかし、まだ譲ることはできません。自分の気持ちや考えを明確に意識化することも、それをことばで表現することもできないため、相手をたたいたり押したりなど、直接行動に出て自分の欲求や考えを主張しているのです。当然トラブルが生じますが、何が原因でけんかをしていたのかわからなくなり、混乱することもよくあります。（岩立）

ことばで思いを表現できない

ことばの発達面から見ると、「ママ、好き」などの二語文から、「○○ちゃんが取った、悪い！」など多語文も話せるようになります。しかし、状況に応じて適切にことばで表現することは、まだできません。（岩立）

発達から見ると…

なんでも「いや!」

自立への第一歩を踏み出している

「いや」「だめ」は自立の過程でよく使われることばで、つねに自分中心で、独占的にやりたい意思の表れです。拒否のことばを発しながら、自分を確認しているのです。自分がどうしたいのかをわかっているわけではありませんが、保育者の「どうしたいの?」「いやなの」ということばによって共感は生まれます。

（安見）

発達から見ると…

できないのに「自分でする」

自己中心性が出てきている

2歳前後から自我が芽生え始めます。自分という存在が認識できるようになったことで、自己中心性も出てきているのです。できないことでも「自分でする」と主張する、どん欲なまでに前向きな姿勢はその表れです。

生活の中で状況を理解しながら動けるようになる点が、1歳児とは大きく異なり、知的な転機と言えます。（安見）

3歳児のよくある姿

「○○ごっこ」が大好き

周りが少しずつ気になって、かかわりも生まれてきます。いわゆる「反抗期」も始まり、個性が際だってきます。

発達から見ると…

イメージの世界を楽しめるようになっている

3歳児は非常に豊かなごっこあそびを展開します。「保育者といっしょ」を喜ぶ時期ですから、ごっこあそびも、保育者の介入で発展していきます。友だちとのあそびを楽しめるようになり、イメージを共有しやすい2～3人の小さな集団でよくあそびます。子どもだけの大きな集団あそびにはまだ無理がありますが、保育者がかかわると4～5人であそぶこともできます。

（岩立）

まねっこや繰り返しを好む時期

テレビのキャラクターをまねて、決めのポーズの動作や体を動かすような、全員が主役で同じ行動パターンを繰り返す*スクリプトあそびを飽きずに続けます。

（安見）

*スクリプトあそび……筋書きがあるかのようなあそび。「スクリプト」は台本のこと。

すぐにけんかが始まる

発達から見ると…

複雑な気持ちをことばにできない

どういうことをすると相手が怒ったり、悲しんだりするかがわかるようになり、自分の感情を意識化して、友だちに伝えようとしたり、伝わるまでじっと待ったりすることもできるようになります。しかし、複雑な気持ちを伝えるのはまだ難しく、おもちゃなどが欲しくてがまんできないときは、力ずくで奪ってしまうこともあります。

ごっこあそびなどでも、友だちとのイメージのずれからけんかになることもありますが、帰るまでには仲よくなっていたりします。感情の起伏は激しいのですが、スパンが短く、修復が早いのも3歳児の特徴です。この時期は、友だちとたくさんかかわってぶつかり合う経験をしておくことがたいせつです。

（岩立）

他者を意識し始めている

小さな集団で、他者を意識しながらあそべるようになります。まだひとりひとりの*平行あそびですが、それでも友だちといっしょにあそんでいるつもりです。友だちの行為をおもちゃなどと結び付け、そのおもちゃが欲しいと言ってけんかになります。相手を認識しているため、押したりたたいたり、激しいけんかになることがあります。

（安見）

*平行あそび……同じあそびをしていても、子どもどうしのかかわりはない。

子どもどうしの会話がかみ合わない

発達から見ると…

コミュニケーションは、まだうまくとれない

ことばを連ねて話せるようになりますが、自分の気持ちをうまく伝えることはできず、コミュニケーションは、まだじょうずにできません。思うようにいかないと気持ちとは反対のことを言ってしまうことや、感情に任せて相手に理解できないことばを発してしまうこともあります。（岩立）

相手のイメージを理解できていない

他者への意識はありますが、まだ自己中心的です。子どもどうしの会話はかみ合わないことも多いため、よく口げんかになります。（安見）

今までできていたことが「できない！」

トイレ
えっ、ひとりで行ってたじゃないの
ひとりで行けないー

発達から見ると…

できているかどうかに不安を感じている

自分の存在が客観的に見えるようになってくると、自信がなくなることがあります。トイレ、衣服の着脱、片づけなどの生活習慣が、できていてもその確証がつかめず、不安になって「できない」「やれない」と言い始めます。特に新年度の始まりでは、保育者ができていることを逐一認めるようにしないと、不安感から登園拒否になることもあります。（安見）

コミュニケーションの発達過程

2歳代	二語文、多語文は話し始めるが、ことばよりも表情や行動で表現することが多い。
3歳代	まだ自分の考えや気持ちをうまくことばにできず、気持ちと反対のことを言ったりする。
4歳代	保育者と友だちなど、それぞれ相手に合わせた話しかたをし、ことばを使い分け始める。読み書きができるようになる。
5歳代	自分に身近な話題であれば一対一で大人とほぼ対等に話したり、赤ちゃんにわかることばで話したりするなど、相手に合わせて話す力が育ってくる。読める文字が増えてくる。
6歳代	書く力が育ってくる。その場、そのとき限りのコミュニケーションから、過去の手紙を読む、手紙にして後で読むなど、時間的にも空間的にも、ことばを広く使用していく力が芽生える。（岩立）

4歳児のよくある姿

集団あそびが増える

4～5歳になると、集団生活をしていく中で、子どもどうしで影響し合い、みんなと同じにやりたいという気持ちが芽生えます。

発達から見ると…

集団の中で自分を表現できるようになる

気の合う友だちが増えて、4～6人のグループで活動するようにもなります。また、ひとりが絵をかき始めると、ほかの子も同じことをしたくなるというように、みんなといっしょに同じようにやりたい気持ちが強くなります。

（岩立）

競う楽しさで子どもどうしがつながる

集団あそびの「入れて」「いいよ」というやり取りから、人間関係作りが始まります。集団活動の競う楽しさを経験した運動会後は、3～4人集まって、あそびの中で競ったりもしながら、仲間作りをしていきます。

（安見）

しつこいくらいに「見て見て」

発達から見ると…

承認欲求・競争意識が芽生えている

「見て」「見ていて」と、自分を認めてほしい、いちばんになりたいという気持ちは、幼児の承認欲求や競争意識の強さからくるもので、この時期はその芽生えが顕著です。（岩立）

自己顕示欲が強くなっている

周りから自分を認められたいという欲求が強いのが、4歳児の特徴です。相手の気持ちをある程度はくめるようになっていますから、自己顕示欲が強すぎる子は、友だちどうしの中で拒否されたりもします。このようないざこざやけんかを十分に経験して、衝突したときの折り合いの付けかたを学ぶことが、5歳児のクラス作りにつながっていきます。（安見）

うそをつく

発達から見ると…

現実世界と想像世界を混同している

多くの場合、幼児のうそには他者をだまそうとする意図はありません。人に認められたいときや、現実と想像の区別がつかないときに生じるものです。子どもは3歳ごろから、現実と想像とを知的に区別できるようになると言われています。しかし、そこに強い欲求や感情がかかわってくると、区別しにくくなります。例えば、恐竜が好きでいっしょにいたいという欲求を強く持っていると、「うちに恐竜いるんだよ」と友だちに言ったり、とても怖い夢を見たときには、「きのう、お化けに会ったよ」と言ったりします。

（岩立）

自分をストレートに出せなくなっている

4歳児は非常にデリケートで、周りが見えている分、3歳児のようにストレートに自分を出すことができません。しかし自己顕示欲が強く、やりたいことを通そうとして、「今度パパと宇宙に行くんだ」というようなうそをつくこともよくあります。

（安見）

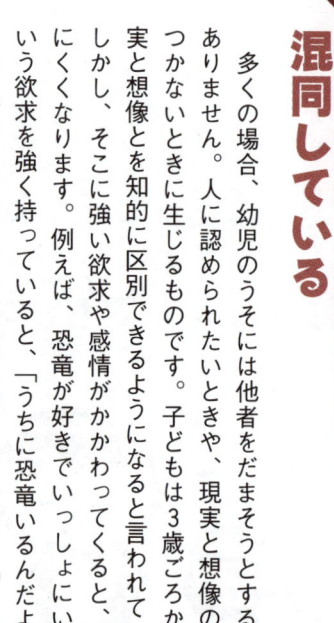

消極的になる

発達から見ると…

新しいことにとまどいを見せている

4歳になると他者をはっきり意識するようになり、知らないことや人に対しての恐れから、多少排他的になることがあります。進級児が部屋の隅であそぶ状態が顕著な例で、園生活の中でルールを守ってあそぶことに慣れているため、その経験のない新入園児の4歳児なりのダイナミックな行動に圧倒され、いしゅくしてしまうことがあるのです。

（安見）

乱暴な行為が目に付く

発達から見ると…

不安な気持ちの表れ

5、6月ごろ、子どもたちが帰った後、部屋の中が大荒れの状態が続いたり作った物を壊したりけったりと、気持ちを発散させるような破壊的な行為が、進級児に見られます。

保育者が新入園児にかかりきりで、進級児へのサポートがおろそかになったとき、進級児が不安を感じてそのような行動をとってしまうことがあります。

（安見）

5歳児のよくある姿

ルール違反からトラブルが起こる

幼児から児童への移行期で、年長児ということを意識し、集団やその中の自分を理解して行動するようになります。

発達から見ると…

ルールを作り、楽しめるようになっている

役割分担や、話し合いを通して協力し合い、トラブルが起こっても自分たちで解決して活動を続けようとする力強さがあります。また、活動がつまらなくなったらアイディアを出し合い、くふうしていく力も芽生えてきます。ルールのあるあそびを好むようになり、話し合ってよりおもしろくするためのルール作りも楽しんだりします。

友だちの特徴を多面的にとらえ、リレーだったらこの子と組みたいなど、状況に合わせて相手を認識し、仲間作りをするようになります。

（岩立）

協調性が生まれたことの裏返し

4歳代のいざこざや葛藤《かっとう》の経験が生かされ、クラス全体で協調性が生まれます。例えば、当番活動を通し、自分という存在がクラスの中で役にたっているという実感が高まっているので、ルールを逸脱する子に対して反感を持つことで、トラブルになったりもします。

（安見）

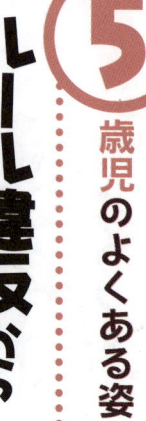

みずから進んで行動する

発達から見ると…

積極性、自発性が大きく育っている

人間はそもそも好奇心に満ちた存在で、生まれたときから自分の周りの環境を自発的に探索しています。5歳になると、それまでのさまざまな生活やあそびの体験を通してできることも増え、興味や関心が一段と広がっていきます。そして、自発的に考え、達成したときに自信が生まれるのです。（岩立）

探求心がおうせいになっている

自発的な探求心がおうせいになる時期です。主体的に考え、自主的にやり通せるようになってきます。自分のやりたいことを主張し、周りに求めることもできるようになります。

また、友だちの技術的な部分に目が向き、「こま回しの天才」「折り紙博士」などと、新しい技術を開発する子を認めるようになります。（安見）

けんかや意地悪が見えにくい

発達から見ると…

自己コントロールをする力が発達している

人の感情や意図を非常によく理解し、友だちひとりひとりの性格がわかってくるほど、認知能力が発達してきます。自己コントロールがよくできるようになり、いやなことがあっても、直接的に感情をぶつけたり、本気になってけんかしたりすることは少なくなります。

また、知恵が働くため、意地悪や争いが巧妙かつ攻略的、間接的で、表だって見えないこともあります。一見スムーズに保育が流れていると思える場合は、子どものほうが保育者に合わせているということもあります。

（岩立）

知恵が働くようになっている

みんなで助け合い、かばい合う気持ちが芽生え、5歳児の人間関係は丸くなります。しかし、保育者が特定の子にかまったり、ひいきしたりすることに対しては、非常に敏感です。自分は愛されていない存在だと感じた子が、知恵を働かせてうそをつき、保育者を困らせたり、陰で友だちに陰湿な意地悪をしたりするということもあります。

保育が子ども主体で民主的であれば、だれかがはじかれることもなく、みんなで育ち合う姿が見られます。

（安見）

年齢別対応POINT

年齢別の発達を踏まえたうえで、次の点に気を配りながら、対応していきましょう。

②歳

- 他者への気づきなど、子どものいろいろな芽生えをしっかり受け止める。
- 子どもに感情表現を十分させながら、共感し支えていく。
- 相手をたたいたり、かみついたりしたときは、どちらが悪いと裁くのではなく、両方に共感し、ことばを掛けて、お互いに相手を認識できるように働きかける。
- 泣いたりわめいたりしたときは、無理にやめさせせようとするのではなく、抱いて話しかけながら、落ち着くのを待つ。

③歳

- 友だち関係、あそび、基本的生活習慣などのねらいを定め、ひとりひとりていねいに介入していく。
- 子どもどうしの会話がかみ合わないときは、3歳前半のうちは「○○ちゃんは、そうなのね」と受け取り、それぞれにことばを返していく。3歳後半に入ったら、かみ合っていないところに保育者が介入し、子どもどうしの思いが伝わるように通訳する。
- 「できない」「やれない」と言うようなときは、その不安感を十分に受け止める。

④歳

- けんかなどのトラブルでは、「泣いているよ」「どうしたらいい？」など、子どもに相手の気持ちを気づかせる。

- 細かく指示を出したり個人的に追及したりと、保育者が管理的、支配的になりすぎないようにする。
- うそは追及すると心の傷になることがある。さらりと対応し、なぜうそをつくのかその本意を理解し、うその裏に揺れ動く心を受け止める。

⑤歳

- みずから生活を展開していけるように、保育者の指導性を抑え、子どもの主体性を伸ばす。
- みんなが目に入る位置で見守り、活動を発展させる。
- ルール違反などのトラブルには、「わたしは、こう思うよ」と保育者の意思を投げかけるが、基本的には一歩下がって、オブザーバー的なかかわりに徹する。

ワンポイントアドバイス

2～3歳のころの保育者や大人、友だちとのかかわりがベースになって、4～5歳児の姿があります。保育がうまくいかないときは、その子の発達を見つめ直して、その段階に合った対応に戻ってみることも必要です。（岩立）

保育は連続性の中で行われます。それぞれの年齢でしっかり発達を支えることが大事です。（安見）

Column

子どもの発達と幼児理解

▼ひとりひとりの発達を見つめて

発達の早い子に対して、大人は頭の良い子という印象を持ってしまいがちですが、それは単に発達のスピードの問題で、能力の高さとは関係ありません。保育者は、子どもの発達のスピードを気にするのではなく、子どもに芽生えている力、これから芽生えようとする力を理解することをたいせつにしましょう。

例えば、おむつが取れない子がいたときは、まず、その子はおむつをとることの意味がわかっているのか、おむつをとりたいと思っているのか、親はおむつをとることに対してどのような意識を持っているのかを理解します。子どもの中に芽生えつつある意識や意欲を見取り、無理なく援助していきます。

▼個人差を理解し子どもを支える

子どもは、保育者や保護者のまなざしに支えられ、体や心の育ちに添った援助を受けていると、意欲や自信が持てるようになり、発達が促されます。まず、今のままの姿を受け入れて、子どもができることや自信を持っていることを「とてもいいよ」と認めることが大事です。認められることで、子どもは次の段階に進みたいという意欲を持ち、保育者や保護者の期待や願いに注意を向けていきます。それが発達への援助となるのです。

幼児理解とはひとりひとりの個性を理解することです。そして、一般的な発達の目安を知ることが、それにつながります。子どもは自分を理解してくれる保育者の温かいまなざしと援助のもとに、確かな育ちをとげていくのです。（岩立）

第2章

あそび付き

新年度スタート！

いるいるこんな子

新年度のスタート当初は、新入園児とその保護者だけでなく、進級児や経験の浅い保育者にとっても、不安と緊張が交錯して落ち着かない時期です。「泣く」「落ち着かない」「自分を出せない」「担任、集団になじまない」……など、新年度に起こりがちな問題に目を向けて、その対応を考えてみましょう。

お答え

臨床心理学の立場から◆山崖俊子先生／津田塾大学助教授
諸富祥彦先生／千葉大学助教授
保 育 の 現 場 か ら◆松村はるみ先生／足立区立大谷田幼稚園園長（東京都）
榎本光代先生／押立保育園主任（東京都）

Case 1

3歳児　Rくん

保護者にしがみついて泣く子

朝、お迎えのバスに乗る前から、保護者にしがみついて泣いているRくん。お母さんから無理やり引き離すようにしてバスに乗せますが、バスの中でも「おうちに帰る」と泣き叫びます。わたしがだっこすると逃れるように後ろにのけぞり、さらに激しく泣いて、手がつけられません。どうしたらよいのかわからなくて、わたしまで泣きたくなります。

悠希先生（保育経験1年）

臨床心理学の立場から

寄り添って少しずつ触れていこう

Rくんは、新しいことに慣れるのに、時間がかかる子なのだと思います。初めて親と離れる経験をしている子なのですから、すぐに泣きやむことを求めるのは無理でしょう。Rくんのように、いやなときや不安なときに泣けることはたいせつなことです。しかし、あまりにも激しく長く泣き続ける場合、ほんとうの意味での「安心できる親子関係」ができていないのかもしれません。待っていてくれるという安心感があって初めて、子どもは親から離れることができるようになるからです。

また、場合によっては、「抱く」という行為が「子どもの恐怖になることもある」と、認識しておいてください。お母さんから離され、知らない人の中で不安なRくんの気持ちを受け入れ、ようすを見ながらできるだけ寄り添って、いやがらない程度の体の接触から始めましょう。

（山崖）

保育の現場から

とにかくことばを掛け続けて

Rくんのように感情を外に出して激しく泣く子には、無理に泣きやませようとせずに「わあ、Rくんすごい力。先生より強いね！」というように、とにかくことばを掛け続けることです。そうしていると、興味があることばに出会い、泣きやんで耳を傾けるときがあります。そのときを逃さないようにしてください。そして一方的にでも、「Rくん、朝何を食べたの？　パン、それともご飯？　先生、寝坊してあまり食べられなかったから、おなかペコペコ」など、いろいろな話をします。これを繰り返していると、少しずつコミュニケーションがとれるようになっていくと思います。

（松村）

保護者の不安を取り除こう

保護者の不安が、子どもに伝わることがあります。この場合、子どもは保護者の不安が取り除かれない限り、うまく親と離れられません。「子どもが大好きなお母さんと別れるのがつらくて泣いている」のは「悪いことではない」ことを保護者に伝えます。そして、子どもが泣きやんだときのようすや、泣かずにできたことなどを具体的に伝え、安心して預けてもらえるようにしましょう。（松村）

Case 2

2歳児　Eちゃん

泣いて甘えるのは退行現象？

生後6か月で入園し、すっかり園になじんでいたEちゃん。簡単なお手伝いもできるようになっていたので、新入園児の世話で忙しいときなど、「Eちゃん、絵本、片づけてね」などと、手伝ってもらっていました。最初のうちは喜んで手伝ってくれていたEちゃんですが、しばらくたったころから、めそめそして、今までできていた着替えまで「できなーい」と言って、泣いて甘えるようになってしまいました。

沙希先生（保育経験1年）

臨床心理学の立場から

サインを受け止め変化にこたえよう

Eちゃんは、今まで自分のほうを向いてくれていた保育者が、少しも自分のほうを向いてくれなくなったと感じたのでしょう。これは、子どもには大きなショックです。「退行現象」と否定的にとらえるのではなく、「こっちを向いて」のサインだと受け止めましょう。Eちゃんのようなケースは、家庭においてもよくあります。赤ちゃんが生まれて、お母さんが下の子にかかりきりになると、上の子に、それまでなかったおねしょや指しゃぶりが始まったりします。

ほとんどが大人の「注目」や「関心」を求めてのことです。このような態度に大人からの反応がない場合、物を投げたり、悪いことばを使うなどして、わざと困らせるような行動をとることもあります。それでもこたえてもらえないと、「どうせぼくなんか」「わたしなんか」といじけて、深刻な状況になるケースもあります。保育者は子どもの行動の変化をいち早く察知し、的確な対応をしてほしいですね。

（諸富）

保育の現場から

少しでも一対一の時間を

高月齢の2歳児は、着替えなどひとりでできることが増えます。それを認めてもらえるのがうれしくて、「自分で」という意欲が表れてくる時期です。しかし、担任が新入園児にかかりきりで自分のほうを向いてくれないと、その意欲も減退し、新入園児と同じように泣いたり、騒いだり、できていたことができなくなったりすることがあります。これは、「わたしを忘れないで」という保育者へのメッセージです。

たとえ新入園児に手がかかっても、折にふれ、Eちゃんにもことばを掛けるようにしてください。いっしょに何かを取りに行こうと誘って、一対一の時間を作るなど、「いつもEちゃんを見ているよ」と、積極的にかかわるようにします。また、Eちゃんができたことに対しては、たくさんほめるようにしてください。ときには、進級児と新入園児が別々にお散歩に行くなどして、進級児がほっとできる時間を作るのもよいと思います。

（榎本）

Case 3

4歳児　Hちゃん

保育者が離れるとすぐに泣き出す子

Hちゃんは、わたしといっしょに何かをしているときは、問題のない子です。でも、あそびに集中しているからだいじょうぶだろうと思って、わたしが離れると、「だめー。できなーい」と言って泣き出します。いったん泣き出すと何をやってもだめで、帰るまで泣いていることもあります。かといって、Hちゃんだけを見ているわけにもいきません。泣かずに楽しく活動してほしいのですが……。

真菜美先生（保育経験2年）

臨床心理学の立場から

とことんかかわる覚悟を決めよう

初めてのことや、知らないことに対しての警戒心が強く、新しい環境にすんなりなじめない子なのでしょう。そのために不安感がとても強く、保育者にいつも自分のほうを向いていてほしいのだと思います。

この場合、保育者は中途半端な対応ではなく、第二のお母さんのような気持ちで、しっかりかかわるようにします。Hちゃんが「もういい」と思えるまで、とことんかかわる覚悟を決めましょう。そうすると、意外に早く離れられることが多いようです。また、保育者がどうしても離れなければならないときは、また戻ってくることを伝えてからにしましょう。

（山崖）

保育の現場から

泣き出す前に居場所を伝えて

4月は、どの子も不安な気持ちは同じですから、Hちゃんだけにかかわることは難しいですね。

Hちゃんから離れなければならないときは、Hちゃんが泣かないうちに、「○○ちゃんのところへ行ってくるから待っててね」と伝えます。そして、約束したからには必ず戻って、「わあ、偉いね。待っていられたね」と、喜びを伝えます。待っていればちゃんと来てくれるということを、Hちゃんがわかるようにしましょう。約束を守ることで、保育者と子どもの信頼関係は深くなります。

ときには、主任の保育者や園長先生に、ほかの子どもたちを見てもらうようお願いして、Hちゃんとじっくりかかわる時間を作るようにできるといいですね。

（松村）

Case 4

4歳児　Uちゃん

3日目から突然泣き出すようになった子

入園当初は泣かなかったのに、3日目から泣くようになったUちゃん。泣かずにあそんでいるときもあるのですが、突然思い出したように泣き始めます。そんなときはだっこして、「お母さんが迎えに来るからだいじょうぶよ」と、ことばを掛けるのですが、いっこうに泣きやんでくれません。

仁美先生（保育経験2年）

臨床心理学の立場から

無理せずゆっくり対応しよう

簡単に親から離れることができるだろうと思っていた子が、意外な抵抗を示して驚くことがあります。赤ちゃんが生まれたために、お母さんとの密な関係が持てず、甘えることをしてこなかった子どもにも、そういうことがあります。

おそらく、Uちゃんは、園生活に慣れて少し落ち着いてきたことで、あらためて保護者の存在に気づき、親と離れることのたいへんさがわかったのでしょう。ですから、そのことを忘れているうちはよくあそべるし、きっと、なんでもひとりでできる子だと思います。保護者から無理に離さず、しばらくいっしょにいてもらうなど、あせらずゆっくり対応していきましょう。

（山崖）

保育の現場から

泣くことで気持ちを表出させて

あまりにも緊張が強いときは、泣くこともできません。抑えていた自分の気持ちを泣くことで表現できるようになったのだと思ってください。そして、泣きながら、保育者のほうを見ているのか、それとも遊具を見ているのか、ただがむしゃらに泣いているのか、Uちゃんの目の動きをよく見て、なぜ泣いているのかを考え、状況に応じた対応をするようにします。「お迎えが来るからだいじょうぶよ」と、同じことばを繰り返しても、すぐには来ないのですから、逆に不安を膨らませることになります。Uちゃんが保護者のことを考えなくてすむように、「ちょっとこれ持っててね」と、粘土やおもちゃをさりげなく渡し、そちらに関心を向けさせるのもよいでしょう。

また、ほかの子どもとのかかわりもたいせつですから、Uちゃんにかかりきりにはなれません。どうしても離れなければならないときは、「ここで待っててね」と声を掛けてから離れます。そしてUちゃんのそばを通ったときに、肩に触れたり頭をなでたりして、「さっきよりいいお顔になったね」などとことばを掛けましょう。

あまりにも激しく泣き続けるときは、小動物にえさを与えたり、触ったりすることで、落ち着くことがあります。

（松村）

あそんでみよう

泣く子編

子どもが激しく泣いているときは、体に触れながら、「泣いてもいいよ」という気持ちで話しかけ、落ち着くのを待ちましょう。

だっこだっこ作戦

乳児クラスでは「だっこだっこ作戦」が効果的です。1日1回以上は必ずスキンシップをします。ほめるときにギュッとだっこ。お昼寝の前にも、「お休みなさい」とひとりずつだっこしてから、布団に横になるようにします。（榎本）

体をピタッとふれあいごっこ

いやがるときは無理をせずに、自然にそっと体に触れましょう。

「ひざにのせる」

「おんぶする」

「手をつないでピタッと寄り添い、隣に座る」

「足の間に子どもを入れる」

など。

こうして落ち着いてきたら、体を揺らしたり、手を動かしたり、リズミカルな動きとことばで気持ちをほぐします。（松村）

ノックを楽しむおうちあそび

気持ちが不安定な子と二人で手をつないであそびましょう。

①大き目の段ボールでおうちを作り、中にぬいぐるみやおもちゃを入れる。

②子どもと手をつないでいっしょにドアをノックし、「だれかいるのかな？　開けてみようか。ギーギー」と言いながらドアを開ける。

③中から一つ好きそうな物を取り出して、「わあー、クマさんだ。『こんにちは』ってお話ししよう」と、あそびにつなげる。

（松村）

泣く子の心って？

母親から離され、知らないところに連れてこられたのですから、子どもが拒否反応を起こすのは自然な姿です。原因がなんであろうと、悲しいとき、不安なときに泣くのは、とても大事なことです。むしろ、気持ちは泣いているのにそれを抑え、飲み込んでしまって泣けない子のほうが心配です。気持ちと行動が遊離し、よけいなストレスを抱え込んでしまうことがあるからです。

新しい環境や、慣れていない人や場所へのとまどいを、泣くことで表現する子は、大きく分けて次の二つのタイプが考えられます（これらに当てはまらないタイプもあります）。

タイプ1　あまり親に甘えたことのない子

Case4のUちゃん（32ページ）のようなタイプ。手がかからず、あまり親に甘える姿も見せなかったため、スムーズに親と離れられるだろうと思われていた子です。親と離れることで、ほんとうは甘えたい自分の気持ちに気づき、不安になって泣くのです。

タイプ2　新しい環境に慣れるのに時間がかかる子

Case1のRくん（26ページ）、Case3のHちゃん（30ページ）のようなタイプ。新しい環境への不安を、泣くことで表現して、自分の気持ちをおさめている子です。似たような経験を繰り返していることが多く、「○時にお迎えが来るよ」というように具体的な見通しを示すと、気持ちをおさめることができます。

（山崖）

Case 5

3歳児　Sちゃん

席を離れてウロウロと落ち着かない子

Sちゃんはいすに座るのが嫌いで、落ち着いて座っていることができません。ちょっと目を離すと、席を離れてウロウロし、外に出てしまうこともあります。また、ときどき「キャー」と大きな声を出して、部屋中を走り回ったりもします。Sちゃんが騒ぎ出すと、ほかの子もまねをして、クラス中が「キャー」の集団になって大パニックになるのです。落ち着いて座れるようにするには、どうしたらいいのでしょうか。

かおる先生（保育経験2年）

臨床心理学の立場から

何に関心を持っているのかを見極めて

Sちゃんは、ほかの保育者や子どもたちの動きに関心を持っていて、反応を気にしながらウロウロしているのでしょうか。この点は、Sちゃんを理解するうえで、とてもたいせつなことです。もしそうだとしたら、「Sちゃんのことを気にしているよ」と、積極的に声を掛けるようにしてください。

逆にみんなの活動に関心がなく、自分自身の関心に向かって動いている場合もあります。そのときは、制約を加えるより、前もってこれからの活動予定を、一対一で面と向かって伝えていくようにするといいですね。

（山崖）

あそんでみよう 落ち着かない子編

保育者は落ち着きのない子のペースに合わせて、楽しくあそびます。

ぐるぐる走ってバスに乗ろう

いすをバスの座席のように並べ、その周りを音楽に合わせて走ったり歩いたり。音楽が止まったらバスに乗ります（いすに座る）。みんなが座ったら「どこに行こうか？」と聞いて、出発。保育者は「ブッブー、はっしゃー」と運転手さんのまねをし、カーブやでこぼこ道では体を揺らします。（松村）

保育の現場から 注目を引こうとする前に声を掛けよう

Sちゃんは、目だつ動きをして保育者の気を引きたいのでしょう。わざとそうしているとわかるときは、保育者も知らないふりをしてもよいと思います。

何回か注意しているうちに、いすに座っていられるようになったり、騒がなくなったりと、少しでも変化が見られたら、「ちゃんと座れたね。先生うれしいな」と、そのつどほめて認めましょう。

Sちゃんが落ち着いてあそんでいるときも、Sちゃんのことをいつも見ていることがわかるようなことばを掛けます。Sちゃんが注目を引こうとする前に、こちらから声を掛けるのです。「先生は自分のことをちゃんと見ていてくれる」ことがわかると、だんだんと落ち着いてくるでしょう。（松村）

社会性の発達が未熟な子

原因ははっきりしませんが、年齢相応の社会性が未発達な子がいます。「人といっしょにいたい」「人といっしょにいると楽しい」と感じる対人意識が低く、わけもなく走り回ったり、外に出たりしてしまうのです。園全体が落ち着かない新年度のスタート時期は、よけいに居心地の悪さを感じているようです。

まずは、その子自身と周りの子にけがや事故がないよう、園は十分に気を付けなければなりません。そして、保育者はその子と仲よしになることを第一に考え、保育が終わった後に時間を作るなどして、一対一でゆったり向き合うようにしてください。（山崖）

Case 6

5歳児　Lくん

何かにつけて前の担任と比較する子

Lくんは、わたしを前の担任と比較して、何かにつけて揚げ足を取ります。初めは気にしていなかったのですが、毎日続けられると、さすがに気がめいるようになりました。ピアノで歌の伴奏をしたときも、前の担任とは違うパターンで弾いただけなのに、「わあ、まちがえた！」とうるさくはやしたてられます。前の担任はベテランで、確かに技量の差はあります。でも、わたしだって一生懸命やっているんです。

亮子先生（保育経験2年）

臨床心理学の立場から

まずコンプレックスをなくそう

保育者をバカにしようとする意識は、5歳のLくんにはないと思います。思ったことを思ったままに表現しているだけで、ただ単に「前と違う」ことを指摘しているだけなのでしょう。もしかしたら、亮子先生が前の担任に対し、なんらかのコンプレックスを感じていて、過剰な反応をしているのではないでしょうか？ Lくんは、その反応をおもしろがり、揚げ足を取るようなことを口にしてしまうのかもしれません。

Lくんが、それだけ亮子先生に関心を持っている証拠で、仲よくなるきっかけを見つけようとしているのです。気持ちを大きく持って「○○先生は、ピアノじょうずだったんだね」と、さらっと返せるといいですね。（山崖）

保育の現場から

前の担任ともふれあいを持って

Lくんは前の担任が大好きなのでしょうね。だとすると、Lくんの気持ちの中に、「先生っていいなー」という思いがあるはずです。時間はかかるかもしれませんが、亮子先生のことも好きになってくれる可能性は十分にあります。

Lくんが、「新しい先生もこんなにおもしろいんだ」と思えるようなあそびを、たくさんしてみましょう。前の担任から聞いて、同じようにあそんでみるのもよいかもしれません。また、前の担任の手が空く時間帯を伝えたり、いっしょにようすを見にいったりと、Lくんが前の担任と触れ合う機会を設けてもよいと思います。そして、「わたしも○○先生、大好きよ」と子どもたちの前で言える、心の広さを持ってほしいですね。（松村）

あそんでみよう

担任になじまない子編

時間の空いたときにいつでもできるあそびです。名まえを呼ばれるのがうれしく、友だちの名まえも覚えられます。

名まえ呼びかくれんぼ

①机やいすを、ある程度片づける。
②保育者は部屋の外でゆっくり20くらい数え、その間に子どもたちはピアノの後ろや机の下、カーテンの陰などに隠れる。
③「もういいかーい」「もういいよー」で保育者は部屋に入り、子どもを見つけたら「○○ちゃん見つけた」と、大きな声で名まえを呼ぶ。
＊保育者が、怪獣オニやお化けオニになりきると、おもしろさがアップする。（松村）

Case 7

3歳児　Kちゃん

新入園児に圧倒されておもらしを隠す子

乳児クラスから年少クラスに変わったため、子どもの人数も増えて、Kちゃんはとても驚いたようです。そんな中、「おもらしを隠して自分で着替え、汚れたパンツを持ち帰った」と、Kちゃんの保護者から苦情が入りました。興奮してはしゃぎ回る子や、不安で泣く子など、とにかくパワフルな新入園児の中で、このところ元気がないKちゃんの姿が思い出されました。

絵梨先生（保育経験2年）

臨床心理学の立場から

保育者を独占したい心にこたえよう

Kちゃんは、自分のわがままをストレートに出せずに育ってきたのかもしれません。そのため、だれにもおもらしを言えず、隠してしまったのでしょう。保育者の視野から遠のきがちな、おとなしくて目だたない子だと思います。でも、このような子ほど、かまってほしい欲求が強いものです。一対一で保育者をひとり占めできる時間を少しでも作り、Kちゃんの気持ちを満たしてほしいですね。

また、Kちゃんの保護者にも目を向けてみてください。もし保護者が不安を抱えているようだったら、それを取り除くことで、子どもの不安が解消されることもよくあります。保護者の話をていねいに聞き、保育者は事例を交えながら話し、保護者の気持ちをほぐすようにしましょう。

（諸富）

保育の現場から

おもらしにはさりげない対応を

年少児クラスに進級すると担任の数が減り、ひとりひとりの子どもとのかかわりが、どうしても少なくなりがちです。そんな中で、Kちゃんは新入園児の見たことのない行動にとまどい、それを表に出せないでいたのでしょう。3歳ともなるとプライドもあり、おもらしをしたことにはショックを受けているはずです。だれにも知られたくないKちゃんの気持ちをわかってあげましょう。もし、おもらしをしてしまったら、ほかの子にわからないように、さりげなく着替えさせます。そして「おもらしは悪いことじゃない」と思えるような対応を続けていくと、信頼関係が結ばれるでしょう。

保護者の不安には、「だいじょうぶです」「心配ないです」と言うだけでは、不十分です。Kちゃんができたことや、よい点だけを具体的なことばにして伝え、保護者が、絵梨先生は子どもをちゃんと見てくれていると、安心できるようにしましょう。

（榎本）

Case 8

3歳児　Jくん

集団に入らないでひとりであそぶ子

登園しても集団での活動に入らず、「ぼくはここであそびたい」と、砂場やお気に入りの遊具にまっしぐら。「いっしょにお部屋に行こうよ」「○○してあそぼうよ」と誘っても、すべて「いや！」の一点張りです。ひとりでも楽しそうに園庭であそんでいますが、このままでよいのかと、Jくんのことがとても心配です。

由起先生（保育経験3年）

臨床心理学の立場から

子どもと保育者の妥協点を見つけて

集団に入らないでひとりで楽しそうにあそぶＪくんは、３歳児として特に心配な姿ではありません。むしろ自然だと思います。部屋であそぼう、あるいは友だちといっしょにあそぼうと指示するのは保育者のつごうで、保育者の思いどおりにならないから心配な子とは限りません。人と人とがかかわっていくうえで、お互いの思いが一致しないことがあるのは普通です。

Ｊくんはひとりで好きなあそびをしたい。でも保育者はそれでは困るのですから、両者の妥協点を見つけなければなりません。その妥協点を子どもに伝え、納得してもらうのが保育者としての力量です。例えば、「Ｊくんがいなくなったり、けがをしたりすると先生すごく心配なの。だから、先生から見えるところであそんでね」と保育者の気持ちを伝え、あそぶ場所を区切るなどして、Ｊくんと折り合いのつくところを見つけてください。

（山崖）

保育の現場から

見えるところであそんでもらおう

保育者は、Ｊくんがひとりでどんなあそびをしているか観察し、好きなあそびを見つけ出して、そのあそびをいっしょにすることから始めてください。楽しみながらＪくんとかかわっていると、保育者のことを好きになってくれるときが必ずきます。

いくら誘っても、自分のやりたいことにしか目が向かず、どうしても外であそぶことを主張するときは、「先生、心配だからここであそんでね」と、部屋の中から見えるところであそんでもらいます。

楽しそうな中のようすを横目で見ているうちに、仲間に入りたくなってくると思います。

（松村）

Case 9

4歳児　Kちゃん

入り口に座り込んで部屋に入らない子

新入園児のKちゃんは、毎日登園してくるのですが、部屋の入り口に座り込んで、中に入ろうとしません。一度入ったら家に帰れないと思っているらしく、その場から動かないのです。しかたがないので、折り紙やブロックなどを持っていき、そこであそべるようにしていますが、話しかけても何も答えてくれません。集団にも入らず、担任のわたしにもなじめないKちゃんがかわいそうです。

真澄先生（保育経験2年）

Kちゃん
こっち
こっち
Kちゃんの
席は
ここよ

臨床心理学の立場から

時期を見てさりげなく誘って

Kちゃんは、新しい場所に対しての警戒心が強い子なのかもしれません。無理に部屋に入れようとすると、態度をよけいに硬化させることがあります。

とどまっている場所が「入り口」ということは、気持ちが部屋の中にも外にも向いている証拠ですから、無理をせず、機が熟すのを待ちましょう。「部屋の中は楽しそう。入りたいな」という気持ちが高まっていることを大前提に、中をうかがったり、友だちを気にしているそぶりを見せたりしたら、「Kちゃん、席はここよ」とさりげなく中へ誘います。いろいろなことをよく考える子ほど、一度自分のとった行動を変えることができないものです。あくまでも、「さりげなく」がポイントです。（山崖）

保育の現場から

緊張をほぐすことを第一に考えよう

新入園児の場合は、緊張してしゃべれないのが普通です。無理にKちゃんをしゃべらせようとしたり、みんなの中に入れようとしたりしないで、「そこで好きなだけあそんでいいよ」と、しばらくようすを見ていましょう。

真澄先生が、Kちゃんのそばに折り紙やブロックを持っていって、かかわりを持とうとするのはよいですね。ただし、しゃべらせようとあせるのは逆効果です。まず、Kちゃんの好きなことを見つけて、緊張をほぐすことが第一です。

部屋に入るのはいやでも、ほかの場所なら問題がないかもしれませんから、部屋以外であそんでいる子のそばに、Kちゃんの場所を作ってみてもよいでしょう。友だちのあそびを見て緊張がほぐれ、あそびたいことが見つかるかもしれません。保育者は無理に返事を求めず、優しくことばを掛けるようにしてください。（松村）

Case 10

4歳児　Fくん

誘っても、口を閉ざして黙ったままの子

いつもぽつんとひとりでいて、みんなの中に入ろうとしません。わたしがあそびに誘っても、口を閉ざして黙ったまま動かないのです。何もやろうとしないFくんは、無気力なのでしょうか？　毎日固い表情で、本人もつらいだろうなと思い、一生懸命、明るく話しかけるようにしているのですが、反応はありません。わたしだけがから回りしているみたいです。

清美先生（保育経験1年）

臨床心理学の立場から

あせらないで時間をかけて待とう

Ｆくんが動かないのは、「絶対にやりたくない」という意思表示なのか、緊張が強すぎるせいなのかはわかりませんが、無気力ではないと思います。

自分の意思で動かない場合は、保育者が動かそうとすればするほど、Ｆくんは動かないことにこだわってしまうでしょう。「いやならいいよ」という気持ちで対応し、しばらくようすを見てください。また、体を固くして不安そうな表情が見える場合は、緊張が強すぎて心の自由を奪われ、動けないのかもしれません。

どちらの場合も、たっぷりと時間をかけて、構えや警戒心を慎重にほぐしていきましょう。まずは、保育者が仲よくなることを心がけてください。そのうえで「みんなとあそぶのはおもしろそう」と思えるように、クラスを楽しい雰囲気にすることです。

集団に入れようと保育者があせると、どうしても詰問ふうのことばかけになり、集団に参加していないことに罪悪感を持たせてしまう心配があります。それは、さらに緊張感を強めることになりますから、十分な注意が必要です。

（山崖）

保育の現場から

見返りを求めず明るく接して

保育者は、Ｆくんを無気力と決めつけずに、「どうしてあそばないのだろう」と、子どもの気持ちに寄り添って受け入れましょう。そして、「から回りの毎日だっていい」と思えるくらいの心の余裕を持ってほしいですね。むしろ、保育者の思いどおりに動く子のほうが心配なこともあるのです。

Ｆくんの好きそうな物や、興味のありそうなことを探して、「Ｆくん、これはどう？」「だめ？　じゃあ、こっちは？」と、緊張をほぐすように明るく楽しい働きかけをしていきましょう。「こんなにやってあげているのに」と見返りを求めたり、保育者自身が暗い気持ちになることだけは避けてください。

（松村）

あそんでみよう

集団になじまない子編

新しい環境にうまくなじめず、態度を固くしている子がいます。「こんなこともやっていいんだよ」と子どもたちの緊張を解き、みんなであそぶおもしろさを伝えましょう。

（松村）

先生捕まえオニ

保育者が逃げて、「ここまでおいで」と子どもたちを誘い、そばに来たらタイミングを計って「ガオーッ、ライオンだー」「ピヨンちゃんウサギだよ」「ゾウさんだぞー」と声を変えて変身し、子どもたちを抱きしめます。

積み木積み競争

ホールや部屋を広く使って、大型積み木であそびます。

① グーパージャンケンやジャンケン電車、○×クイズなどで楽しくグループ分けをする。

② 制限時間内に、積み木をいちばん高く積んだチームの勝ち。

じゅもんあそび

へんてこでおもしろいじゅもんを唱えながら、コミカルに体を動かします。初めは保育者がやって見せます。保育者のおかしな動きに大爆笑。次に子どもたちもいっしょに体を動かします。慣れてきたら、子どもたちのオリジナルじゅもんも登場するでしょう。

じゅもんとおもしろい動きの例

● 「ワンダラ、ニャンダラ、ブーダラ、モーダラ、動けー!」とじゅもんを唱えて、フニャフニャマンに変身。体から力を抜いてタコのように動き、返事も会話もフニャフニャに。

● 「カシャカシャ、ギコギコ、ギギー、カクカクカク、動けー!」でカクカクマンに変身。体に力を入れてロボットみたいにカクカク動こう。

第3章
行動が荒っぽい子

心が不安定で、かむ・手が出る・騒ぐなど、
行動が荒っぽい子が心配です。
しかし、ひとりひとりの
子どもをよく見ると、
それぞれの背景が見えてきます。
そのような状況に置かれている
子どもの心を理解し、
心に添った対応を考えたいですね。

お答え

発達心理学の立場から◆寺見陽子先生／神戸親和女子大学教授
保育の現場から◆西垣吉之先生／黒野保育園（岐阜県）・中部学院大学短期大学部助教授

Case 1

2歳児　Eちゃん

自分の領域に人が入ってくると突然攻撃

Eちゃんは、三人姉妹の真ん中で、保護者の目は、上の子と下の子に向きがちのようです。ひとりあそびはじょうずにできますが、自分の領域に友だちが入ってきたり、あそんでいたおもちゃに触ったりすると、突然、かんだり、たたいたり、ひっかいたりします。逃げる子を追いかけてまでやり続けるので、子どもが次々に泣き出し、クラス中が大騒ぎに。傷つけられた子の保護者から、厳しい苦情を言われたこともあります。

さやか先生（保育経験1年）

発達心理学の立場から

自我の発達過程ととらえてほしい

Eちゃんは、自分のやりたいことを、だれにもじゃまされたくないのです。自分の領域にだれかが入り込んだとき、全身でそれを守ろうとする気持ちが、「かむ」という行為になって表れるのは、ことばの少ない2歳児の自我の発達としては普通です。外の世界との出会いによって、自分作りが始まりますが、今はまだ自分を主張することでしか、それを表現できません。そのため、大人には乱暴で理不尽と思える行動をとってしまうのです。

しかし、追いかけてまで攻撃し続ける過激さは気になります。子どもは、見つめられていないと攻撃的になってしまうことがあります。注目してほしいEちゃんの気持ちを受け止めていきましょう。（寺見）

保育の現場から

強く抱きしめてことばを掛けよう

ひとりあそびをしているときのEちゃんをよく見て、どんなことに興味を持ち、心を向けているかを見てみましょう。そして、楽しさを共感します。そうしていると、「先生はわたしの気持ちをわかってくれる」と、Eちゃんの心が和らぎ、お互いの気持ちが通い合うようになるはずです。

また、常に子どもたちのようすに気を配り、Eちゃんが乱暴なことをしたり、しそうになったりしたときは、友だちから引き離し、身動きできないくらい強く抱きしめます。しばらくそうしていると、Eちゃんの体の力が抜けて身を寄せてくるようになります。そのタイミングを逃さないようにし、「そんなことをすると、先生はとても悲しい」と、保育者自身の思いをことばでしっかり伝えます。「○○ちゃんのお母さんにしかられるよ」というような注意のしかたは、子どもの心に響かないことを心に留めておきましょう。（西垣）

乱暴された子の保護者への対応

保護者の苦情は、「うちの子をちゃんと見ていてくれないのでは」「たいせつにしてくれていないのでは」という不安から生じることが多いものです。まず、「お気持ちはよくわかります」と、率直に謝罪することが大事です。そのうえで、それぞれの年齢の発達、クラスの状態、保育者のかかわりを具体的に話して理解を求める努力をしましょう。（西垣）

Case 2

あそんでいる友だちを突然ガブッ！

3歳児　Hくん

Hくんは、体を動かして友だちとよくあそびますが、ことばはあまり達者ではありません。そのせいか、仲よくあそんでいても、突然友だちをかんだり、ひっかいたり、走っていって突き倒したりすることがよくあります。「ギャー」という泣き声にかけつけると、あそんでいた友だちのほっぺに、歯形が付いていたこともありました。自分がいちばん強いことを示したいのか、やった後は得意げな表情でケロリとしています。

百合子先生（保育経験2年）

発達心理学の立場から

エネルギーを外に向けよう

自分の中にあるさまざまな感情をコントロールしたり、うまく表現したりできない3歳児の姿です。わけもなく荒れているのではなく、自分の思いが前提にあって荒っぽい行為をしてしまうところが、2歳児との違いです。泣かせた後でケロリとしているのは、ことばで表現できないいらだちを晴らせたからでしょう。

機敏で体がよく動く子のようですから、体全体で表現できる機会を用意し、Hくんのエネルギーが発散できるような活動を心がけてください。また、保育者がモデルとなって、ことばで適切に自分を表現する方法を知らせていきましょう。

（寺見）

保育の現場から

好きなあそびで気持ちを通わせて

Hくんは、自分の思いをことばで表現できないもどかしさから、友だちをかんだり、突きとばしたり、乱暴な行為をしてしまうのでしょう。保育者は、Hくんの思いをことばで補うようなかかわりをしてほしいと思います。また、乱暴された子の気持ちを代弁して、仲介することも忘れないようにしてください。

子どもがかみつくという行為に至るまでには、必ず流れがあります。その流れは、子どもといっしょにあそんでいると、自然に見えてきますから、保育者はまず、Hくんの好きなことをいっしょにしてあそび込むことです。そして、「Hくんが楽しいときはわたしも楽しい」と、共感し、それをことばで伝えていくことがたいせつです。

（西垣）

Case 3

4歳児　Sくん

奇声を発し、大きな音をたてて保育を中断

Sくんは、いたずらをしたり、歩き回ったり、気を引くようなことをして保育を中断させます。それでも注目されないと、奇声を発して机やドアを力まかせにたたくなど、行動がエスカレートします。わざと関心を示さないでいると、さらにひと騒ぎ起こします。一対一で言い聞かせても、悪びれずケロリとしていて、バカにされているのではと思うこともあります。「またSくん！　静かにできないの」と、注意ばかりしています。

真奈先生（保育経験1年）

発達心理学の立場から

行動の裏側にある気持ちにこたえよう

保育者は、そうせざるをえないSくんの気持ちを受け止めたいものです。受容、応答の態度でかかわり、Sくんの甘えたい気持ちを満たしましょう。Sくんといっしょに行動して身体的な接触を図り、「Sくんのことを見ているよ」という気持ちを伝えていき、信頼関係を作ります。そして、そのうえで「だめなものはだめ」と保育者の気持ちも伝え、自分がすべきことに気づかせることもたいせつです。

Sくんの行動を無視したり、自分のことをバカにしていると勘ぐったりすると、結果的に子どもを拒否してしまうことになります。見つめてほしい子どもの気持ちを受け止め、子どもの視点でかかわっていってほしいですね。

（寺見）

保育の現場から

意識を転換して頻繁に声を掛けよう

Sくんの「ぼくのこと、ちゃんと見てね」というメッセージに対して、わざと関心を示さないというのは逆効果です。言い聞かされてケロリとしているのは、「自分を見てほしい」という思いが達成できたからなのです。Sくんにとって保育者の存在が、それほど大きいということですから、保育者みょうりに尽きますね。

Sくんには保育者としての自分の存在、支えが必要なのだと、意識を転換して対応しましょう。大きな声を出したときは「Sくんの声、大きいよ。どうしたの？」と、メッセージにこたえ、話し始めるときは「Sくん、先生の話をちゃんと聞いてね」、何かをするときは「Sくん、お手伝いしてくれない？」など、頻繁に声を掛けましょう。そうしていくことで、Sくんは変わっていくだろうと思います。

（西垣）

Case 4

4歳児　Tくん

思いどおりにならないと荒れて暴れる

三人兄弟の末っ子のTくんは、家庭では甘やかされ、しかられた経験がほとんどないそうです。そのせいか、とても「自己中」です。思いどおりにならないと手足をばたつかせて暴れたり、大泣きしたり、ひどいときは手当たりしだいに物を投げ、部屋を出ていってしまうことさえあります。そのつど、「悪いことは悪いんだよ」と話すのですが、わかっていないようで、どんなに自分が悪いときでも謝りません。

明美先生（保育経験2年）

発達心理学の立場から

まず個があっての集団と認識しよう

Tくんが不安定なのは、家庭や園、保育者に自分の存在を受け入れてもらえないことが関係しているのかもしれません。子どもは、自分が受け入れられていないと荒れるものです。暴れたり、大泣きしたりするのは、「先生、どうして心を向けてくれないの」という不安でつらいTくんからの問いかけなのです。

Tくんは悪い、だから謝らせたいという発想は、ルールは守るべきという、集団の中でのあるべき姿を求めている保育者の前提からきているようです。まず、保育者と子どもが受け止め合う関係があって、集団が成り立つことを再確認してほしいと思います。（寺見）

保育の現場から

気持ちが落ち着くまで抱きしめよう

子どもは、保育者に否定されたり、言い聞かされてばかりいると、「先生は気持ちをわかってくれない」と、いっそう感情的になります。

暴れたり大泣きしたりするときは、落ち着くまで抱きしめましょう。そして子どもが落ち着いてから、ゆっくり保育者の心を子どもに向けると、子どもの心も少しずつ和らいできます。Tくんの気持ちが静まってきたら、「Tくん、このおもちゃがどうしてもほしかったのね」と気持ちを受け入れ、「でもね、みんなもこのおもちゃを使いたいって思っているかもしれないよ」と、ほかの子どもたちの気持ちを代弁して伝えるようにします。

Tくんに心の余裕が生まれてきたら、きっと「うん」とうなずいてくれるのではないでしょうか。（西垣）

Case 5

乱暴やいたずらが目に余る子

4歳児　Yくん

Yくんはバスに乗るやいなや、友だちの頭を次々とたたいて席に座り、降りるときもかばんや袋を振り回して、友だちをバシバシたたきます。部屋に入ると、友だちの持ち物を投げたり隠したりし、通りすがりについ手を出してしまうという感じです。とにかく乱暴で、友だちからは「怖い」と敬遠され、一匹オオカミ的な存在です。保護者は「好きで産んだんじゃない」と人前でも平気で言ったりしています。

留美先生（保育経験1年）

発達心理学の立場から

一対一でていねいなかかわりを

「好きで産んだんじゃない」という保護者のことばには、Yくんの存在を疎ましく感じている響きがあります。Yくんもそうした親の気持ちをなんとなく感じ取り、愛されているという実感を持てないまま育ってきたのでしょう。

人は「愛される」ことで「愛する」ことを知っていきます。Yくんは、自分から友だちを好きになり、友だちにも好きになってもらう関係をうまく作ることができないのでしょう。だから、つい乱暴な表現をしてしまうのです。ほんとうは、いっしょにあそびたいのに、どうしていいかわからないのでしょう。

保育者は、一対一のやり取りを通して、人と向き合う関係のここち良さを十分に体験させたいものです。スキンシップを楽しんだり、ボールや砂のように自分の力で変化させ、楽しめる物を媒体にしたりして、ていねいなかかわりを根気強くしていきましょう。

（寺見）

保育の現場から

大事な存在であることを伝えて

Yくんは人に対する気持ちの表しかたに問題があるようですが、心が荒れている状態ではないと思います。むしろ、昔ながらのガキ大将的な、屈折していない「育ち」を感じます。乱暴な方法でしか人間関係を築けないYくんには、保護者とは違う接しかたをしてくれる存在が必要です。園全体で話し合い、保育者みんながYくんを大事に思っていることを伝えていきましょう。

例えば、「Yくん、今日のシャツかっこいいね」などと、肯定のことばを掛けたり、さりげなく手をつないで体に触れたりして、Yくんがみんなに愛されている、認められているという実感が持てるようにしていきます。そして、Yくんが乱暴しそうになったら、そっと体を包み込んでください。無条件で愛されていることが感じられ、乱暴しようとしていた心は落ち着いていくでしょう。

また、保育者のYくんへの対応がほかの子どもたちに影響して、Yくんを敬遠している可能性もあります。自分のかかわりかたを振り返ってみることもたいせつです。そして、折にふれ、「Yくん、力持ちでしょう。ちょっと手伝って」などと、Yくんの存在をクラスの中に位置付けていきましょう。

（西垣）

Case 6

5歳児　Kちゃん

失敗を気にしすぎて泣き出す

活発で、友だちも多いKちゃん。いっせいでの活動になると、説明を聞き逃すまいと身を乗り出し、作業ごとに「これでいい？」と何回も確認します。忙しくて答えずにいると、「早く見て！　早く！」と、大きな声で叫び続けます。失敗することに異常なくらい敏感で、「いやだ。できない」と言って泣き出します。保護者は厳しい人でよくしかっています。Kちゃんが気の毒で、「もうやらなくてもいいよ」と言いたくなります。

沙織先生（保育経験1年）

発達心理学の立場から

わがままを言って甘えられる場を

Kちゃんは、周りの期待にこたえるように育てられ、その能力もある「よい子」だと言えます。あらゆる場面で完ぺきにこなそうとし、もしかすると、友だちとあそぶのは好ましいという大人の評価を知ったうえで、あそんでいるのかもしれません。今は、パニックになって泣き叫ぶことで救われているようですが、Kちゃんが挫折《ざせつ》を感じたとき、また、自分の感情が維持できなくなったときが心配です。

心の発達から見ると、「自分はこれをやりたいけど、あの人もやりたいみたいだから変えよう」と、自己決定を変えられるようになるのは5歳くらいからです。Kちゃんは、「〜ねばならない」という物の見かたをしているように思えます。しかし人間は、「あれをやりたい、これもやりたい」と、わがままを言って甘えられる経験があって、初めて無理のない自己決定ができるのです。Kちゃんには、甘えられる場が必要ですね。

（寺見）

保育の現場から

もっと自己開放できるあそびと場を

背伸びをさせられて育ち、保育者にも評価されたいのでしょう。かわいそうだなと思ったら、「もうやらなくていいよ」と、保育者の気持ちをそのまま伝えてもよいと思います。何かをしなければならないという保育を進めていくと、Kちゃんの問題はさらに深刻になるかもしれません。砂あそびや泥んこあそび、水あそびなど、結果を評価することのないような活動をたくさんして、Kちゃんが自己開放できるようにしましょう。

そして、のびのびとあそんでいるKちゃんの姿をビデオに撮って、保護者に、今まで気づかなかった自分の子どもの新たな面を見てもらいましょう。

（西垣）

Column

わたしの失敗

▼乱暴な行為の裏の気持ちに気づけなかった

　ことばがうまく発音できないKくんは、ほかの子があそんでいるところへ乱入したり、力ずくであそんでいる物を取ったりして、トラブルが絶えず、そのたびに、保育者が引き離していました。そこで、Kくんがストレスを感じずにあそべることがたいせつなのではと考え、専用のブロックを用意し、複数担任のうちのひとりが見るようにして、みんなから離れてあそぶようにしてみました。しかし、少しの間は落ち着いてあそぶのですが、保育者が抱いていても、逃れるようにしてみんなのほうへ戻ってしまうのです。けれども、奇声をあげたり、かみついたりと相変わらず乱暴は続き、対応に頭を悩ませていました。

　避難訓練のときのことです。みんなから少し遅れてKくんを保育者が抱いて連れていこうとしました。するとKくんは、みんなのほうを指さし「みんな、みんな」と言うのです。下に降ろすと走っていって追いつき、ニコニコして後ろに並びました。そのとき初めて、Kくんの「みんなといっしょに生活したい」という思いを実感し、それまでのかかわりかたが、Kくんの思いとは反対だったことを反省させられました。「クラスとしてのまとまり」を優先しようとし、「みんなといっしょにいたい」という気持ちに気づけなかったのです。

　それまで、彼への視線が否定的になりがちだったのですが、その行為の裏にあったほんとうの気持ちがわかったとき、肯定的に受け入れることができるようになりました。子どもを変えようとするのではなく、こちらが変わればよかったのだということを、この失敗を通して知ったのです。

（馬場佑真　西垣吉之／岐阜県・黒野保育園）

第4章 「集団」に入れない子、入らない子

集団活動を始めようとするとき
気になるのは集団から外れる子です。
なんとか集団に入れようと
誘ってしまいますが、
それでよいのか、とても迷います。
子どもの気持ちをくんで、少しずつでも
「みんな」の楽しさを伝えるには、
どうすればよいのでしょうか。

お答え

発達心理学の立場から◆野呂文行先生／筑波大学講師
大國ゆきの先生／東京成徳短期大学助教授
臨床心理学の立場から◆滝口俊子先生／放送大学大学院教授
保育の現場から◆福原裕美先生／八幡幼稚園（東京都）
日高幸子先生／前・大田区立上池台保育園園長（東京都）
高橋光代先生／敬愛フレンド保育園園長（東京都）

Case 1

5歳児　Nくん

周りを気にせず いつもマイペース

Nくんはいつもマイペースで、何かに夢中になると、集団から外れても気がすむまでやめません。砂場で友だちといっしょに、カチカチに固めたトンネルを作っていたときも、部屋に戻る時間になってもやめようとしませんでした。それどころか、片づけようとしたほかの子に向かって「触るな！　壊すな！」とどなってトンネルを死守し、わたしが呼んでも部屋に入ろうとしません。

真希先生（保育経験1年）

発達心理学の立場から

個性を生かしつつ適応させたい

まずは、Nくんが一生懸命やった経験と集団生活への適応を、相反することととらえないようにしたいですね。個性を生かしながら、集団に適応できるような対応をくふうしましょう。

Nくんのように、急に何かを変更するのが苦手な子に対しては、「時計の長い針が3になったらお部屋だよ」など、前もって予告しておきます。集中力がとぎれてきたころを見計らって、「もうすぐお部屋だから先に入っててね」「みんなが、お部屋にそろうまで待っててね」などと声を掛けて、Nくんに切り上げるタイミングを知らせましょう。時間どおり、みんないっせいにということにこだわらず、その子に合わせた細やかな調整も必要です。「作品を残したい」という気持ちに対しては、「砂場はみんなのものだから、ほかの子も使えるように、残念だけど片づけようね」と配慮しましょう。

保育者は待つ姿勢をとりながら、マイペースな子をよく見てまめに声を掛け、集団との妥協点を試行錯誤しながら見つけ出すことです。そして、その過程を必ずメモして残し、今後の対応に生かしてください。

（野呂）

保育の現場から

ようすを見ながら対応を変えてみよう

ここまであそびに熱中できる、Nくんの個性を大事にしてあげたいですね。ただし、年長児ですから、本人のためにも時間を守る生活習慣が身に付くようにしていきましょう。だからといって、いつも時間で切ってしまうと、Nくんの意欲をつぶしかねません。粘土やブロック、砂あそびなどは、作ったり壊したりが楽しいということを伝え、「今度はもっといいものができるよ」と、次への期待が持てるようにします。

ときには、「みんなが待っているからがまんしようね」と、厳しく言い聞かせることも必要です。また、「壊さないでね」という立て札を立てて作品を残したり、「ここまでやったら部屋に入ろうね」と目標を定めて許容範囲を広げたりと、ようすを見ながら対応を変えてみましょう。最終的には保育者が決めるのではなく、子どもが自分で考えて行動できるような対応が望ましいですね。

（福原）

Case 2

2歳児　Hちゃん
みんなと同じ行動がとれない

Hちゃんはあそびを次々に変え、落ち着いて一つのあそびをすることがありません。みんなと手をつないで動いたり、いすに座って何かを作ったりなど、いっせいにする活動の時間を少しずつ設けていますが、そのときも寝転んだり、机に上がったりして、みんなと同じことをやろうとしません。せめて友だちと手をつなげたらと思うのですが、Hちゃんに集団で何かをさせたいと考えるのは、まちがっているのでしょうか。

美里先生（保育経験2年）

発達心理学の立場から

自我の芽生えを「よかった」ととらえて

　2歳児の場合、早い時期に集団で何かをするのは、まだ難しいと思います。Hちゃんは、自我が芽生え始めているのでしょう。「自分のやりたいことをやる」「人の言うとおりにしない」「最終的にはそうしても、先生にリードされるのはいや」。こんな自我の育ちを、保育者が「よかったね」と見るか、「困ったわ」と見るかでは対応が大きく違ってきます。「あの子は困った子だからしかたがない」と保育者が放っておくと、膨らみかけた自我をしぼませてしまいます。

　保育者が、自我の芽生え始めた子どもひとりひとりをたいせつに見ながら導いていくと、子どももどうしで手を取り合って、集団のような形であそべるときが必ずきます。「さあ、みんなでね」ということを目的にするのではなく、その時間を楽しく過ごすことを目的ととらえることが大事です。（大國）

保育の現場から

保育者が集団の仲だちをしよう

　Hちゃんが次々にあそびを変えるのは、満たされていない何かを要求しているのかもしれません。その気持ちを受け止めてください。また、2歳児はいっしょにあそんでいるように見えても、それぞれ自分のあそびをしているだけですから、共同で、あるいは協力してあそぶことはまだ無理です。集団で何かをさせようと考えるのは、やめたほうがよいと思います。ただし2歳児でも、保育者が仲だちすると、わらべ歌あそび、お絵かき、ピョンピョン動くリズムあそびくらいならみんなであそべます。いろいろなあそびを通し、「いっしょにやると楽しいね」と思えるように経験を積み重ねていきましょう。

「自分で」「ぼく（わたし）はいやだ」という自我が出てくる時期でもあります。「○○ちゃんは何がしたいの。じゃあ、やってみようか」と、自我を十分に引き出せるようにしたいですね。自我を出して心が満たされていくと、4歳ころには「いやだけどやらなくては」というふうに、自分をコントロールできるようになるでしょう。（日高）

Case 3

3歳児　Tちゃん

すぐにフラフラと席を離れる

Tちゃんは、自分がやりたい活動なら、少しの時間だけ席に着いていられるのですが、気が付くといつのまにか席を離れてフラフラしています。ちょっと目を離すと、ほかのクラスに行ってしまうこともあります。「今はみんな座っているよ」と促しても、自分なりの理由を話し始めます。席を離れてはいけないという意識が、Tちゃんにはまったくないようなのです。

久実先生（保育経験2年）

発達心理学の立場から

園全体で取り組んでみよう

Tちゃんは好奇心がおうせいで、探索的な試みをしたいためにフラフラしているのかもしれません。園全体のようすがわかってくると、落ち着いてくるのではないでしょうか。

しかし、ひとり担任の場合、部屋から脱出する子がいると、保育者はその子を抑制しなければならず、どうしてもよい関係が持てなくなります。思い切って、「園全体でTちゃんを見る」という共通認識を持つことが、解決への近道ではないでしょうか。そうすると、園外にさえ出なければ、ほかのクラスに行っても問題ないと思えるようになりますね。ただし担任は常に気を配って、Tちゃんの居場所を把握しておくことが必要です。（野呂）

保育の現場から

園を楽しいと感じられるようにしよう

年少児ですから、もう少しようすを見てほしいと思います。かまってほしい気持ちの裏返しとも考えられますが、「脱出、連れ戻す」の繰り返しでは、Tちゃんに「園はつまらないところ」と印象づけてしまうかもしれません。園は楽しいと思えることが大事です。仲よしの子がいると、クラスの吸引力も違ってきますので、Tちゃんと気の合いそうな子を見つけて、保育者が仲介するとよいでしょう。

また、Tちゃんがほかのクラスにいたいと言うなら、そのクラスの担任に協力を頼み、参加させてもらえばよいと思います。そのような経験を重ねて満足すれば、自分のクラスにも興味が持てるようになるのではないでしょうか。ただ、ほかのクラスにTちゃんを預けるときは、必ず「ここにいてもいいけれど、みんなでTちゃんのことを待っているからね」のひと言を、忘れずに添えてください。（福原）

保育者が協力し合って、子どもにかかわろう

子どもと深くかかわるには、「いつも、みんなを見る」だけでは無理です。与えられた条件の中で、「今、保育者を必要としている子」にかかわる方法をくふうしましょう。例えばその子にかかわるときは、フリーや隣のクラスの保育者に、ほかの子どもたちのことを頼んだり、また、ほかの子どもたちのあそびを危険のないように整え、必要としている子とのかかわりの時間を作ったりします。そしてそのときは、隣の担任に声を掛けておくといいですね。（福原）

Case 4

4歳児　Aくん

友だちを怖がっていっしょにあそばない

優しくておとなしいAくんは、乱暴なことや攻撃的なことはまずしません。ヒーローごっこをしても、自分がやられそうになると、「やめて！　ごめんなさい」といつも泣き出します。これではあそびが盛り上がらないと、仲間に入れてもらえなくなりました。Aくんは、「みんな、怖いからあそびたくない」と言いますが、このままでよいのでしょうか。Aくんにも、集団あそびのおもしろさを知ってほしいのですが……。

知美先生（保育経験2年）

発達心理学の立場から

ヒーローごっこの内容を観察しよう

Aくんのことを「怖がりで仲間に入れない子」ととらえる前に、ヒーローごっこの中でどんなやり取りがあるのか、保育者はよく観察する必要があります。もしかすると本気でぶたれたり、不当に悪者扱いされたり、やられてばかりということも考えられます。もしそうであれば、手加減することや、あそびと現実との区別をつけて「ごっこの中の本気」を理解できるように、全体を導いていきたいですね。

そのためには、友だちの中には活発なやり取りが平気な子もいるし、好まない子もいるということを、保育者が仲間に入ってかかわりながら、Aくんに伝えていきましょう。また、男の子はヒーローごっこ、女の子はおままごとというように、偏ったとらえかたはやめて、あそびの選択肢をたくさん用意してください。静かなあそびを好むAくんを、無理にヒーローごっこに入れることもないですね。たいせつにしたいのはAくんの気持ちです。（野呂）

保育の現場から

友だちへの恐怖心を取り除いて

怖がっているAくんを、無理に仲間に入れる必要があるでしょうか。活動的なあそびや攻撃的なことが苦手なら、ほかのあそびをしている友だちのほうに目が向くようにします。ただしこの場合も、ヒーローごっこの友だちを「怖い」と感じたままでは困ります。Aくんの心が安定してきたら、保育者が間に入って、その仲間とかかわれる場も作っていきましょう。

そうしているうちに、ヒーローごっこの仲間たちの優しい面や、弱い面などにも触れて、恐怖心が取り除かれるのではないでしょうか。同時に、ヒーローごっこの中でやりすぎはないか、いつも同じ子ばかりが悪者役にされていないかなど、見届けることも必要です。最終的には、子どもたちどうしが誘い合ってあそべるような環境を作っていきましょう。（福原）

Case 5

5歳児　Yくん

心は向いているのに集団に入れない

心は集団であそんでいるみんなのほうに向いているのに、自分からその中に加わろうとしないYくん。ひとりであそんでいても、「さっき、○○ちゃん、ボール当たったのに当たってないって言ってた」など、みんながドッジボールをしているようすを、つぶさに観察しています。ことばも達者で人に興味もあるのに、自分から誘ったり、友だちから誘われたりということがないのが不思議です。

信恵先生（保育経験2年）

臨床心理学の立場から

体が触れ合うかかわりをたくさんしよう

子どもは体験からいろいろなことを学んでいきますが、Yくんは「眺めている」姿勢を親から学んできたのでしょう。そのため、人間関係に必要な情緒がうまく育たず、思考部分が発達して評論家になってしまっているようです。高学歴な保護者ほど知的な面を重視して子どもを育てようとし、その子は大人が好む子ども像に自分を合わせてしまう傾向が見られます。

園では抱きしめたり、くすぐったり、体が触れ合うようなかかわりをたくさんして、Yくんが、もうこれ以上は話すことはないと納得するまで話を聞くことです。そうやって保育者が受け入れていると、評論家のような部分は少なくなって、人とかかわる力も育っていくと思います。（滝口）

保育の現場から

よいところを認めてみんなとの接点に

Yくんはおしゃべりに見えても、ほんとうは孤独なのかもしれません。だとしたら、Yくんにとって自由あそびの時間は、決して楽しいものではないでしょう。

子どもは、仲間と折り合うとか、すり合わせるなどの経験があって初めて、コミュニケーションがとれるようになっていきます。Yくんはそういう経験をあまりしていないのではないでしょうか。みんなの中で自分をさらけ出してもよいということを保育者が伝えていかないと、Yくんは、自分から友だちとの接点を持てないと思います。Yくんの得意なことをみんなの前で認め、よいところに気づくようにしましょう。それがほかの子どもたちとの接点になっていくはずです。（高橋）

「よい子概念」を植え付けられて育った子

0～1歳時代に、「これをやってはだめ」「こういうことがよいこと」などと、大人にとってのよい子の姿を植え付けられた子は、「よい子概念」が強くなりがちです。そのため何かをしようとするとき、「よい子でいるのよ」「失敗しないのよ」という保護者のことばが頭の中でささやかれ、行動に抑制がかかり、スムーズに集団あそびに入れないことがあります。

多くの子どもは、いろいろな物を見たり触ったり、探索行動を体験して判断力が育ちます。しかし、「よい子概念」が強いと、このような体験をしないまま判断力が育ち、評論家タイプに育つ傾向があります。個人で活動する際は問題ないのですが、人間関係の中で傍観者になりがちなのです。（高橋）

Case 6

5歳児　Eちゃん

プライドがじゃまして集団に入れない

途中入園のEちゃんは、鬼ごっこなどの集団あそびをしているみんなのそばで、いつも入りたそうにしています。ところが、「Eちゃんもおいでよ」と大きな声で誘ったら、とてもいやそうな表情をしました。その後、何度か小声で誘ってみましたが、「〜してあげる」的なことは拒否されます。保護者は「友だちのところへ行きなさい」とけしかけますが、プライドが高いEちゃんは、それができないようなのです。

里緒奈先生（保育経験1年）

臨床心理学の立場から

角度を変えて子どもを見ることも必要

おそらく保育者側に、「Eちゃんをみんなの中に入れてあげよう」「集団に入らなくてはいけない」という教育観があり、集団に入らないと楽しくないという思い込みが強すぎるのではないでしょうか。Eちゃんのようすからすると、まだ集団を見ていたいのだと思います。気がすむまで、そうさせてあげたいですね。

保育者が無理に誘っているうちは、Eちゃんは集団に対して行動を起こさないかもしれません。観察して納得し、自分から集団に入ってくるときを待ちましょう。

集団に入るか入らないかの二者択一ではなく、その中間やまったく違う選択肢があってもよいのです。子どもを理解しようとするときは、多角的な見かたを心がけてください。（滝口）

保育の現場から

きっかけがつかめるあそびをしよう

みんなが盛り上がっているところに後から入るのは、大人でも勇気のいることです。ましてや、プライドが高いと難しいですね。Eちゃんには途中入園というハンディがありますから、きっかけをつかむまでは、Eちゃんが中心になるようなあそびを保育者がしかけましょう。年長児の場合、あそびのリーダーは子どもどうしの中で決まりますが、ときには保育者がリーダーになってもよいと思います。

保育者は、ただいっしょにあそべばよいのではなく、Eちゃんが友だちとどんなかかわりをしているか、楽しんでいるかなどようすを把握しつつ、みんなが楽しめるように配慮します。そして、Eちゃんがみんなの中に入ってあそべるようになったら、「おもしろかったね。またあしたもあそぼうね」などと、すかさず話しかけます。子どもが何かを乗り越えることができたとき、保育者が共に喜んでくれたという経験は、悔しい思いや、傷ついた心の元気回復のばねになると思います。（高橋）

Column

集団の中の子ども

▼集団に入れる子がよい子？

わたしたちは、集団に入れる子をよい子ととらえがちですが、集団に入れなくても、物事にじっくり取り組めるなど、まったく別の部分で長所が備わっている子もいます。無理に人付き合いのよい、社交的な子にする必要はないわけです。しかし、現実の社会では集団に適応できないことで不利益を被ることが多くなりますから、その子が困らない程度に、集団に適応できるような手助けはしていきたいですね。

集団に入らないことを「この子はわがままだから」と、子どものせいにしていると、何か問題が起こったとき、「しょうがない」で終わってしまいます。子どもの個性をよく見て、声の掛けかた、園全体の職員配置など、くふうできるところはくふうして、試行錯誤を繰り返しながら、適応できる環境を整えることが、保育者の務めだと思います。（野呂）

▼「自己中」って？

集団にうまくなじめなくて自己中心的に行動する子どもを、「自己中」あるいは「自己中児」という造語で表現することがあります。大人からすると、幼児期の子どもはだいたいにおいて「自己中」に見えるものです。それは、「子どもは大人に合わせるのが当然」と大人が期待し、子どもはなかなかそのとおりにならないためですが、子どもには本来自己中心的な考えかたがあることに、気づいていない大人が多いのです。

むしろ、幼児は自己中心的な姿が自然です。大人は、子どもの自己中心的な行動を指摘し、集団に入れない子を「自己中」と決めつけるのではなく、自分自身の子どもに対する見かたや考えかた、行動を見つめ直すことが必要なのではないでしょうか。（滝口）

第5章 子どもにとっての「性差」って？

「性」の違いに関心を持ち始める子どもたち。
答えに困る質問や、ドキッとする行動に
慌てたことはありませんか？
体の違いや「ジェンダー」にまつわる問題なども、
きちんと説明しようとすると難しい問題です。
しかし、大人の感覚で深刻にとらえるのではなく、
「不思議」と感じる子どもの気持ちを
たいせつにしながら対応を考えたいですね。

お答え
発達心理学の立場から◆伊藤裕子先生／聖徳大学教授
保 育 の 現 場 か ら◆青木久子先生／国立音楽大学附属幼稚園園長（東京都）・国立音楽大学教授

はじめに

「性差」ってなあに？

「セックス」と「ジェンダー」って？

「性」には、「男」、「女」という、生物学的な性別＝セックスがあり、一方で、「男ならこうでなくてはいけない」とか「女はこうあるべき」といった、社会的・文化的に作り出された性差＝ジェンダーがあります。ジェンダーということばは、日本では、1990年代になって広く使われるようになりました。わたしたちは、セックスとジェンダーがそれぞれ違う概念であるということを、きちんと認識しておくことが必要です。

子どもの性別理解はどこまでできている？

わたしたちは日常生活の中で、周囲の人を「おじいさん」「お姉ちゃん」などと、性別を意識して呼んでいます。3歳くらいになると、家族とおふろに入って性器の違いを発見するなどして、自分が男女どちらのカテゴリーに入るのかを理解します。それがジェンダー・アイデンティティー（＝性自認・自分が男か女か理解すること）の始まりです。

しかし、性自認をしたとしても、概念形成の発達はまだ十分ではありませんから、あいまいな部分をたくさん持っています。そのため、3歳くらいの男の子では、「スカートをはいて髪の毛を長くしたら、大好きなママになれる」など、本来の性に関係なく、変身すれば好

きな人になれると思っていることもあります。性をきちんと区別し、自分の意思では変えることができないものと理解できるのは、6歳くらいになってからと言われています。

幼児期は、生物学的な男女の違いを理解していく過程にあり、ジェンダー・アイデンティティーがまだ十分にできていないからこそ、知りたいという気持ちが大きくなって、性に固執してしまうことがあるのです。異性に対する大人のセクシャルな関心とは、まったく別のものであることを認識しておきましょう。

「…らしく」という決めつけはどうしていけないの？

生物学的な男女の体の違いは、客観的事実ですから認めなければいけません。しかし、ジェンダーにとらわれた大人の固定観念で「男の子らしく」「女の子らしく」と決めつけてしまうことは、子どもに必要な経験を乏しくさせてしまう危険性があります。

何をもって男性的、女性的とするかも慎重に考えるべきですが、それぞれの性の「らしさ」だけでは、人として、社会への適応性が低くなりがちです。例えば、対人関係においては、男女の性別に関係なく、女性性と言われる思いやりと、男性性と言われる決断力の両方を備えているほうがよいと考えられます。しかし、意識しないでいると、社会的に作られた固定観念にとらわれてしまいがちです。子どもたちが、「男らしさ」「女らしさ」にとらわれず、「自分らしく」のびのびと生きていくために、わたしたち大人は*ジェンダーフリーの姿勢を意識していたいですね。

（伊藤）

*ジェンダーフリー：社会的・文化的に作られた性差にとらわれないで、人間らしく、自分らしく生きるという考えかた。

Case 1

5歳児　Iくん

スカートをめくって喜ぶなんてひどい

Iくんにスカートをめくられて、「パンツが見えた」と言われたときは、ほんとうに恥ずかしくて、腹が立ちました。Iくんはわたしが困っているのを見て、よけいにおもしろがっているようで、何回もめくろうとしたのです。子どもといえども、不愉快だったので、次の日からはズボンで保育をしています。でも、どうして、男の子はこういうことが好きなのでしょうか？

みちる先生（保育経験1年）

発達心理学の立場から

大人の感覚でとらえないで

自分は男だというアイデンティティーを持ち始めているIくんは、どこかでそのような行為を学習し、スカートをめくることと自己の男性性を、同一視してしまったのでしょう。しかし、それは当然、大人の異性に対するセクシャルな関心とは次元が違います。男の子とはいえ子どもなのですから、大人の感覚でとらえないようにしましょう。性別の違いを理解していく年齢ですから、自分が「男」であることを確認する行為の一つだと理解するとよいですね。そのうえで、保育者自身がいやだと思ったことは、「いや」と伝えます。

また、保育者のおっぱいを触りたがる子は、下に赤ちゃんが生まれるなどして、母親の愛情を奪われている場合があります。そういったジェラシーから来る欲求不満を、保育者に転化していることがあるのです。これも、男性が女性の胸に性的な魅力を感じるのとはまったく別ですから、子どもの置かれた背景を理解し、お母さんの代わりとなって抱きしめてあげていると、情緒的に安定していくと思います。

（伊藤）

保育の現場から

いやなことは「いや」と言おう

経験を積んだ保育者と新人とでは、対応が違うと思いますが、いやなら「いや」と言ってよいと思います。また、「あら、○○くん、見たいの？」と、ユーモラスでおおらかな対応をしてもよいのではないでしょうか。

保育者が気を付けたいのは、性への関心が育つときに、不自然にカモフラージュしたり、頭ごなしに「見ちゃダメ」と禁止したり、神経質になりすぎてぎこちない対応をすることです。こうした対応が続いたり、極端だったりすると、抑圧された性への関心が、青年期になったときにゆがんだ形で表れる可能性があるとも言われています。

（青木）

Case 2

2歳児　Aちゃん

男の子のおちんちんをつかんでしまった女の子

全員でのトイレタイムに、男の子が用をたす姿を黙って見つめていたAちゃんは、不意に男の子のおちんちんをつかんでしまいました。つかまれた子は、大洪水！その後、Aちゃんは自分のパンツを脱いで「ないねー、出ないねー」と、とても不思議そうにしていました。こんなときは、どんなことばを掛けたらよいのでしょうか？

かおり先生（保育経験2年）

発達心理学の立場から

大人とは次元が違うととらえよう

男女に違いがあるということがわかり始める年齢ですから、Aちゃんは自分との違いをまのあたりにして、つい手が出てしまったのでしょう。思春期の子どもや大人とは性認識の次元が違いますから、深刻に考える必要はないでしょう。「そうね」「ほんとだね」と、Aちゃんの発見を受け入れて、トイレへ誘うだけでよいと思います。

（伊藤）

保育の現場から

子どもの大発見を見守って

すごい発見をしたとき、子どもに掛けることばは必要でしょうか？　大発見をしたことはその子の手に感触として残っているし、このときの状況はAちゃんにとって、強烈に印象深い経験として体にしみこむのでしょう。性差に好奇心を持ち始める子どもたちが、性の「違い」に気づき、自分の中に生じた疑問を育てていくチャンスです。発見の場に居合わせたときに、あえてことばを掛ける必要はありませんね。このようなほほ笑ましい風景があるのが、園生活の楽しいところです。

（青木）

Case 3

4歳児　Mちゃん

「女の子だからピンク」と、らしさにこだわる

きれいな色やかわいい物に、異常なほど執着するMちゃん。「女の子はピンク」と決めていて、持ち物や洋服はもちろん、髪に付けるゴムやピン、リボン、折り紙、色画用紙、あやとりのひもなど、あらゆる物がピンクです。お姫さまごっこでは、もちろんお姫さま役しかやりたがりません。あまりのこだわりの強さに、このままでよいのかと気になります。

雅美先生（保育経験3年）

発達心理学の立場から

いろいろな世界があることを伝えよう

保護者がどんな対応をしているのか気になりますが、たぶん女の子はこういうもの、というこだわりが強い子なのでしょう。子どものこだわりはたいせつにして受け入れ、そうではない別の世界もあることを知らせることが大事です。ピンクのほかにもきれいな色がたくさんあり、それらを組み合わせると、もっとすてきになることを伝え、選択の領域を広げるように働きかけていくようにしたいですね。

この場合困るのは、Mちゃんが「女の子はこうあるべき」という自分のこだわりを、周りに強要することです。友だちとのかかわりの中で、押しつけるようなようすが見えたときは、「Mちゃんはそうだけど、○○ちゃんはこっちがいいんだって」と、自分の基準がすべてだと思い込まないように、ことばで伝えていきましょう。（伊藤）

保育の現場から

「こだわり」も大事に受け入れよう

Mちゃんの「女の子だからピンク」という考えかたは、ジェンダーによるものです。だからといって何もかも否定するのではなく、「Mちゃんは、ピンクが好きなのね」と、そのままを受け入れましょう。色に対してだけでなく、気に入った物や特定の何かにこだわる執着心は、集中力・思考力を育てる重要なベースとなります。

また、性差に関心を持ち始めるころに、あこがれとする像が生まれるのですが、お姫さまや強いキャラクターへのあこがれは、子どもが成長するうえでとても大事なものです。

未来を夢見ることは生きていくための力になりますから、「いつもお姫さま」というこだわりを否定的にとらえないようにしながら、ほかのいろいろなことにも目を向けられるようにしていきましょう。（青木）

保育の中の「ジェンダー」

わたしたちは日常の保育の中でも、生物学的な性別（セックス）と、社会的・文化的な性差（ジェンダー）の違いをしっかり意識していかなくてはなりません。というのも、保育の世界では持ち物やおもちゃなどを、色やデザインで男の子用、女の子用と分けることがあたりまえとされていることが多いからです。これはジェンダーの影響を受けている典型的な例です。このことに対して疑問すら感じていないとしたら、それを反省し、性差についてあらためて考えてみてほしいですね。（青木）

Case 4

5歳児　Fくん

体の違いに興味しんしん

「ぼくのおしっこはおちんちんちんから出て、Nちゃん（妹）はまたから出て、お母さんは毛から出るよ。どうして？」と、男女の体の違いに興味しんしんのFくん。「男の子はおちんちんがあるけど、Nちゃんとお母さんは女の子で、おちんちんがないからよ」と答えたのですが、そんなわかりきった答えは期待していなかったようです。でも、子どもにわかるように説明するにはどうしたらいいのでしょうか？

夏実先生（保育経験2年）

ぼくのオシッコは…
Nちゃんは……
お母さんは……
どうして？
えーと…

発達心理学の立場から

体の違いを教えるチャンスです

すべてを話しても理解力はまだ十分ではないのですから、その年齢で知りたいと思っているであろうことに答えましょう。おちんちんが「ある」「ない」という単純な表現ではなく、事実として具体的な知識を伝えてください。

「毛は体のたいせつな部分を守るためのもので、大人になると生えてくるの。お母さんは女だからおちんちんはないけど、体の中におしっこの通る管があって、そこから出てくるのよ」と、こだわりを持たずに事実を伝えるようにします。

このような質問は、いろいろなことを知りたいという欲求による疑問の一つにすぎません。大人が隠そうとすると、よけいに知りたくなるのです。（伊藤）

保育の現場から

子どものことばの背景に気づこう

子どもが性差をことばで表現したとき、その背景は大人とは大きく違っています。大人がイメージするようなひわいな部分はないのです。その点を頭に入れておかないと、美しいことばは育ちにくくなるでしょう。子どもの口から発せられることばに対する大人のぎこちない反応は、ことばそのものに対しても、おかしなイメージを持たせてしまいます。

Fくんのことばは、生活の中から生まれたすてきな「詩」と、受け止めてみてはどうでしょうか。そうすると、「Fくんの言ったことって、詩みたいだね」で、おしまいになるかもしれません。そして、そこからことばのバリエーションを広げていきたいですね。どんなときにも応答のハウツーはありません。どう答えようか迷った自分がいるということを認識して、自分自身でいろいろと感じ取り、感受性を高めることがたいせつです。（青木）

Book紹介

性への質問は、性教育のチャンス

体の違いを意識し始めた子どものために

性差にこだわらず、さまざまなことに挑戦する楽しさを伝えてくれます。女の子の夢と希望が広がるストーリー。

『おんなのこだから』
レイフ・クリスチャンソン／作
にもんじまさあき／訳　はたこうしろう／絵
（岩崎書店）900円

『ぼく　どこからきたの？』
ピーター・メイル／作　谷川俊太郎／訳　アーサー・ロビンス／絵
（河出書房新社）1600円

生命の誕生についてのお話です。子どもだからといってカモフラージュすることなく、真実をストレートに伝えてくれます。

『かばくんとおとうさん』
ひろかわさえこ／作・絵
（あかね書房）951円

お母さんが出かけていていない、お父さんとかばくんの一日。お父さんがエプロンをしたり、おにぎりを作ってくれたり。お父さんお母さんの役割の枠が自然に外れます。

子どもから質問があったときのために、性教育関連の絵本などを用意しておき、性について伝えるとよいでしょう。

「性」について考えたい保育者のために

『ジェンダーの発達心理学』
伊藤裕子／編著
（ミネルヴァ書房）2800円

生物学的・社会学的な側面から見た男女の差を、成長の段階に沿って検証。人が、ジェンダーに影響されながら、自己形成していくようすを伝えてくれます。

『ジェンダー・フリーの絵本① こんなのへんかな？』
村瀬幸浩／文　高橋由為子／絵
（大月書店）1800円

日常の暮らしを見つめ直し、気づきと解き放ちの後押しをしてくれます。ジェンダーフリーがよくわかる大人向けの絵本。

＊価格はすべて税別です。これらの書籍は、書店で購入できます。

第6章 けんか・トラブルへの介入法

子どもが集まると、
意見の衝突や物の取り合いなど、
けんかやトラブルはつきものです。
けんかは子どもたちを成長させる
大事な経験ですが、
どこでどう介入すればよいかは
難しい問題です。
けんかの意義を考えながら、
対応してみましょう。

お答え

カウンセラーの立場から◆富田富士也先生／子ども家庭教育フォーラム代表
発達心理学の立場から◆大國ゆきの先生／東京成徳短期大学助教授
保 育 の 現 場 か ら◆松村和子先生／鶯谷さくら幼稚園副園長（東京都）・文京学院大学助教授
日高幸子先生／前・大田区立上池台保育園園長（東京都）

はじめに

子どものけんかって？

「けんか」を知らない子どもたち

子どものけんかには、大人のように相手をやっつけようという気持ちはありません。ほとんどの場合、相手に自分の気持ちを伝えたいのに、ことばでうまく伝えることができなくて、ぶつかってしまった状態です。

子どもは1歳くらいになると、おもちゃを引っ張り合ったり、友だちを押しのけたりしながら、お互いの存在に気づいていきます。ところが最近はそのような行為に対して、「うちの子が○○くん（ちゃん）にやられた」などと保護者が過剰に反応することが多くなってきました。そのため保護者どうしが互いに苦情が出ないようにと子どもを抑制し、その結果、自己の表現や手加減を習得する機会を子どもから奪ってしまっているのです。

この傾向は年々強くなり、けんかのしかたも手加減も身に付けないまま、入園する子どもが増えています。そして、園生活の中で友だちと衝突して判断を迫られたとき、かんだり、手が出たりする子どもが多くなっているようです。

「けんか」ではぐくまれるもの

一方で、集団を見ている保育者も、「みんな仲よくしようね」とけんかを回避させようと

しがちですが、あまり賛成できません。子どもに主張の機会を与えて、その中で折れたり、がまんしたりを経験できるようにしたいものです。

物の取り合いなら、「貸して」と自分の気持ちをことばで表現するよう導いていけばよいわけです。けがを心配するあまり、けんかになる前に止めてしまうと、気持ちを表現したりコントロールしたりする機会を、子どもから奪ってしまうことになります。

自分の「つもり」と他者の「つもり」の違いを、子どもたちはけんかを通して知り、思うようにならないもどかしさや悔しさ、がまんを経験していきます。こうして、個と個がぶつかり合って育つ部分を保育者はたいせつにしてほしいと思います。子どもにとってけんかは、人と人とのかかわりかたを知り、ことばの発達を促すためにとても良い場面なのです。

子どもの「けんか」に決着は必要？

実際にけんかになったときにどう治めるかは難しい問題ですね。子どものけんかは、白黒をはっきりさせて、決着をつける必要はないのではないでしょうか。けんか両成敗でもなく、どちらが良い悪いでもなく、灰色であってもよいと思います。対応はあいまいな印象になるかもしれません。しかし、あえて決着をつけないことで、子どもたちが多方面からものを見る姿勢を持ち、自分たちで解決の道を探れるようになってほしいと思います。そのためには、けんかの後に保育者が両方の気持ちをよく聞いて、子どもが自分の言ったことやしたことを後から考えられるように、子どもの心に余韻を残すこともたいせつです。

（松村）

Case 1

4歳児　Yちゃん

感情の起伏が激しくてすぐ爆発！

Yちゃんは、楽しそうにあそんでいたかと思うと、突然、一方的に怒り出してけんかが始まります。理由は、砂がかかったとか、使いたいおもちゃを友だちが使ってしまったとか、口で言えばすむようなことばかりです。保護者もYちゃんをたたいたりするせいでしょうか、「やめようね」と言って落ち着かせようとしても、手に負えません。みんながYちゃんを怖がって、いっしょにあそばなくなっているのが心配です。

りえ先生（保育経験2年）

カウンセラーの立場から

行動に移す前に感情を受け止めて

人間関係とは、相手の気持ちをくんで近づいたり離れたりすることです。それがうまくできないと、何かに依存したり、攻撃したり、自分を抑え込んだりと、行動が極端になります。Yちゃんは自分の感情をことばで表現できず、そのいらだちや、もやもやしたあいまいな感情を抑えることができなかったのでしょう。周りから見ると極端でおかしいと思える行動でも、Yちゃんには意味があるはずです。

Yちゃんの表情が変わってきたら、行動に移す前に、「Yちゃん、たたきたいの？」と、保育者が代わりに感情を表現してあげることで落ち着くようになるでしょう。ただし、これをあまりに繰り返すと、Yちゃんが保育者に依存することもありますので、適度な距離を置くことも必要です。（富田）

保育の現場から

気持ちに添ったことばかけを

保育者に「やめようね」と言われても、自分の感情を受け止めてもらえていないのですから、落ち着くことはできないですね。Yちゃんの気分が急変するのには、わけがあるはずですから、それを自分のことばで表現する力を育てていく必要があるでしょう。

まず、「Yちゃん、シャベルを使いたかったのね」「怒っちゃったの？」など と、Yちゃんの気持ちに添ったことばを掛けます。その後ようすを見ながら、「どうしたの？」と聞くようにします。ほかの子のサポートを同僚に頼み、Yちゃんから目を離さないで、いっしょにあそぶことが必要かもしれません。

保育者は一対一のあそびの中で、Yちゃんに「貸してね」と聞いて「いいよ」と言ったら使う、答えがなかったら何度でも聞き、「いや」と言ったら「今使っているの？ 終わったら貸してね」というように、ことばのやり取りの手本を何度でも繰り返し、覚えてもらうようにしましょう。（松村）

Case 2

2歳児　Mちゃん

人の物も奪おうとして手を出してしまう

MちゃんとAちゃんは仲よしですが、すぐにけんかになります。Aちゃんが優しくて、ちょっと気弱なところがあるのに対し、Mちゃんは体も大きく、思いどおりにならないと泣き叫ぶため、結局はAちゃんがいつも譲ってしまいます。ある日、Mちゃんが、Aちゃんのおもちゃを力ずくで取ろうとしたとき、思わずしかって泣かせてしまいました。こんな対応でよかったのでしょうか。

夏樹先生（保育経験2年）

発達心理学の立場から

ほめられる喜びを伝えたい

二人は仲よしということですから、基本的には見守っていてよいと思いますが、力関係が固定化して、Aちゃんがいつもがまんしているのなら心配です。Mちゃんの手が出そうなときは、その前に「ぶたないでね。ぶたれたら痛いよ」と手を押さえて止めましょう。2歳児は、ことばの代わりに手が出てけんかになることがほとんどですから、保育者が止めに入る必要があります。

おもちゃの引っ張り合い程度なら、「引っ張ったら壊れるよ。壊れたらあそべなくなるね」と、ことばで伝えてそのままようすを見守ります。ことばだけで解決できないときは、二人を別々の場所に連れていき、体を離してみます。それで気持ちが切り替わると、忘れたようにあそべることがよくあります。

どうしてもしかる必要があるときは、子どもの目を見ながら、「『貸して』って言ってみようね」などと、具体的にアドバイスするのが理想です。Mちゃんが泣いたのは、自分の後ろめたさを発散しているということも考えられます。保育者は、Aちゃんばかりをかわいそうだと思わないようにし、Mちゃんが優しい面を見せたり、少しでもがまんできたときは、「お姉ちゃんになったね」「優しいね」などのことばを掛けて、ほめられる喜びを経験させてください。（大國）

保育の現場から

子どもの気持ちをことばにしよう

2歳児は、自分の物は自分の物、人の物も自分の物という年齢ですから、物の貸し借りをしたり、共同であそんだりすることは難しいでしょう。

保育者は、どうしても力の強い子をしかってしまいがちです。しかし、Mちゃんを一方的にしかるのではなく、二人をいっしょに抱いて、自分では言えない子どもの気持ちを、「Mちゃんも欲しかったのね」「Aちゃんに聞いてみる？」などと、保育者が代弁しましょう。

子どもは、このような経験を積んで友だちとのやり取りを覚えていくのです。二人は、お互いの力関係がわかっているようなので、保育者は介入しすぎないようにします。ただし、トラブルによるけがを避けるために、二人のようすをよく見ていて、状況を予測しながら保育をしていくようにしましょう。（日高）

Case 3

3歳児　Hちゃん

笑顔でけんかを避けてしまう

Hちゃんは、けんかになりそうになると、笑顔でその場を治めてしまいます。こんなときはけんかをしたほうがいいのにと、歯がゆくなることもあります。投げられたおもちゃを投げ返したときは、けんかになるかなと思ったのですが、「なんだよ！」とどなられると、ことばもなく笑顔を見せてしまいました。ほんとうは「悔しい」「悲しい」という思いがあるはずなのに、笑ってごまかしているとしか思えません。

志保先生（保育経験4年）

カウンセラーの立場から

固いガードをほぐしていこう

Hちゃんは、自分の感情を抑えてでもその場を治めてしまう典型的な「よい子」なのでしょう。このようなHちゃんの行動を、感情抑圧（回避）行為といいます。これを続けているとストレスがたまり、人間関係でつまずきやすくなる心配があると言われます。

保育者は「言いたいことがあったら言わなくてはだめよ」「やられたらやり返すのよ」などと、けんかをけしかけるのではなく、Hちゃんが笑って抑えてしまう感情を、吐き出せる環境を作ることがいちばんです。

日常的には、「Hちゃん、おはよう。今日は元気？」などとコミュニケーションをとりながら、保育者がHちゃんの悔しい、悲しいという感情を引き出すようにします。例えば、「先生、転んじゃってね、ほらここをけがしてすごく痛かったの」というように、保育者のほうから子どもに弱みを見せることも必要です。感情のガードが固いHちゃんも、それまで抑えていた感情を吐き出せるようになるでしょう。

（富田）

保育の現場から

笑顔の裏側の心に目を向けよう

Hちゃんは、けんかが怖くて衝突を避けているのだと思いますが、ほかの面ではどうなのでしょうか。「けんかはいけない」と、家庭でしつけられているのかもしれませんし、一対一での緊張場面を経験したことがなく、人とぶつかることを避けてしまうのかもしれません。2～3歳児の場合、繊細な子や恥ずかしがり屋な子だと、大人が「いやと言ってもいいのよ」と伝えても、なかなか言えない場合があります。

いずれにしても保育者は、Hちゃんが笑顔でその場をやり過ごそうとする心の裏側を察して、気持ちを代弁しながらかかわっていくことが必要です。

（松村）

Case 4

5歳児　Sくん

ごっこあそびのおふざけがけんかに

Sくんは活発な子で、戦いごっこでふざけていたのが本気になり、相手を泣かせてしまうことがよくあります。両方の言い分を聞いても、どちらがほんとうなのかわからなくなります。結局、泣いた子の勝ちになり、Sくんをしかってしまいます。こんなことの繰り返しで周りの子がSくんに過剰に反応し、ささいなことでも訴えてくるようになりました。Sくんの元気な子どもらしさを生かしたいのですが……。

愛先生（保育経験3年）

カウンセラーの立場から

相性の良い子とのかかわりを設定

Sくんは、開放的で子どもらしい子なのだと思います。ごっこあそびから手足が出てけんかになってしまうのですから、乱暴というより元気がよすぎるのでしょう。おそらく、融通のきかない面もあって、Sくんなりの正義感を押し通すため、トラブルに発展してしまうのだと思います。

Sくんは、どうして自分がしかられるのか、わかっていないのかもしれません。わからないままにしかられ続けると、子どもは自信や意欲をなくしてしまうことがあります。トラブルが起きたときは、周りの子に、「どうして○○くん泣いちゃったの?」「そう、悲しかったのね」と繰り返し聞きながら（「リスニング」102ページ参照）、Sくんの行動の理由を話し、周りにもSくんがほんとうの乱暴者ではないことを伝えていきましょう。

また、Sくんの良さを生かすためには、彼と出会うことで意欲がわいてくるような、相性の良い友だちと触れ合えるようにするとよいですね。（富田）

保育の現場から

決着よりも子どもの話をまず聞こう

お互いの言い分が食い違うとき、どちらが真実かは問題ではありません。わざとけがをさせたり、いやがることを何回もするなど、よほどひどいことをしたときはしかります。しかし、Sくんのように悪気がないときは、なぜやめなくてはいけないのか、泣いた友だちはどんな気持ちなのかなどを、きちんと話すことが大事です。そうしないと、しかってその場は治まったとしても、また同じような場面にぶつかったとき、自分で解決できなくなってしまいます。泣いている子に対しては、感情の高ぶりが静まってから話を聞き、「そう、悔しかったのね」とことばに出して共感しましょう。子どもの感情をことばで表現していくことで、子どもたちのことばが育っていきます。

怖いのは、みんなが「Sくんは悪い子」というレッテルをはってしまうことです。保育者は、走るのが速い、元気が良いなど、Sくんの良い面を子どもたちに伝えるようにしましょう。また、Sくんには、友だちが泣いてしまうようなあそびは、いったんやめるように伝え、段ボール箱でダイナミックにあそぶなど、Sくんのエネルギーが発散できるクリエイティブなあそびを提供できるとよいですね。（松村）

Case 5

5歳児　Kくん

口げんかならだれにも負けない子

Kくんは口が達者で、口げんかならだれにも負けません。エスカレートすると、「死ね」「ぶっ殺してやる」などと、ひどいことばで相手を攻撃します。ことばで意思を伝えることはたいせつだと思うし、言うことで発散することもあると思うのですが、わたし自身も止めに入ったときに「死んじゃえ！」と言われてショックでした。手や足を出すわけではないので、どこで止めに入ったらよいのかわかりません。

美貴先生（保育経験2年）

カウンセラーの立場から

悪態に深い意味はないと考えよう

子どもは、自分の複雑な感情を的確に表現できず、日常生活で耳にする、「ばか」「どっかへ行け！」などのことばに置き換えて表現することがあります。ただし、そのことば自体に深い意味はありません。悪態は、心を寄せている人についぶつけてしまうものです。「死ね」と言われた保育者は、Kくんに信頼されているあかしととらえ、気持ちをくんでこたえるようにしましょう。「死ね」と言われたら、「先生、死ねって言われるのいやだな」「Kくんは、自分が死ねって言われたらどんな感じがする？」などと繰り返し聞くこと（「リスニング」102ページ参照）で、Kくんは変わっていくはずです。保育者にこたえてもらうことで肯定感を感じられると、Kくんは、乱暴なことばを使う必要がなくなりますね。

（富田）

保育の現場から

保育者自身の気持ちを伝えて

幼いうちに、このような乱暴なことばに慣れてしまうのは怖いことです。「死んじゃえ！」と言われて悲しいと思ったら、「先生はほんとうに悲しい」と、真剣に意思表示をして、乱暴なことばを言われたらどんな気持ちがするのか、Kくんにわかってもらうようにします。テレビやゲームなどでは、聞いているだけでつらくなる乱暴なことばがはんらんしています。保育者は「機械の中の人たちが使うことばと、わたしたちが使うことばは違うんだよ」と、感情的にならず、はっきりと伝えます。5歳児ならクラス全体にも伝えていきたいですね。

（松村）

Column

リスニングで子どもに肯定感を

肯定感とは、人が人から認められたときに感じる充実した気持ちです。自分でもよくわからない複雑な気持ちを、理屈抜きで共感してもらえたときに人は肯定感を感じ、状況を変化させようとする意欲が持てるようになると言われています。保育者は子どものありのままを受容し、肯定感を感じられるように配慮したいですね。その具体的な方法がリスニングです。

ここでは、子どものけんかを例にしたリスニングを紹介しますが、子どもと保育者の間だけでなく、コミュニケーション全般に有効です。

▼ リスニングの方法

（けんかの場合は両者にリスニングする）

STEP1 — 聞く

「○○くんがぼくに意地悪した」と訴えてきたら、「そう、○○くんが意地悪したんだね」と、子どものことばをそのまま反復する。

STEP2 — 訊《き》く

「いつ？」「どうして？」「どんなときに意地悪されたの？」などと、関心を持って質問する。詰問、尋問にならないように要注意。

STEP3 — 聴く

子どもの表情を見て「悔しかったね」「それで悲しかったんだね」と、ことばにならない思いをくんで、感情を保育者が代弁する。

▼ リスニングで変化する子どもの心

●カタルシス（浄化）作用—心がすなおになる

ことばが未発達な子どもも、自分の感情を吐き出し、気持ちをくんでもらえたことで、すなおになれる。

●同朋《どうほう》同行—仲間意識が持てる

自分の気持ちをくんでくれた保育者は、安心できる仲間だと思えるようになる。

●気づき—保育者の気持ちがわかる

相手の心が見えてくることで、子どもも保育者の気持ちがわかるようになる。（富田）

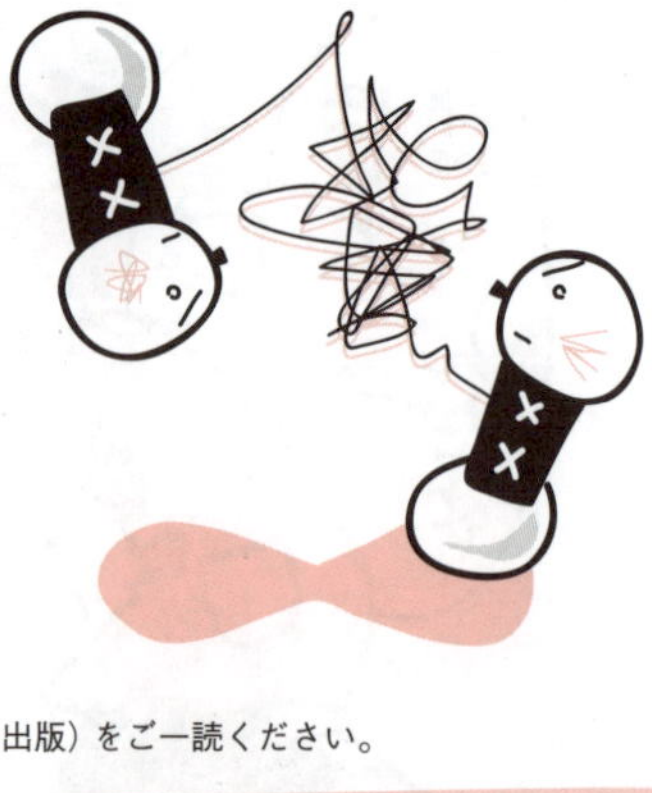

※詳細は、富田富士也著『保育カウンセリング 実践編』（ハート出版）をご一読ください。

第7章

行事をいやがる子どもの気持ち

運動会や発表会などの行事は、
保育者にも子どもにも、
大きなプレッシャーがかかります。
特に子どもは、日々の保育では見られない
心の変化を見せることもあります。
子どもたちの心を成長させるきっかけになり、
「やって良かったね」と思えるような
行事にしたいですね。

お答え

発達心理学の立場から◆大國ゆきの先生／東京成徳短期大学助教授
臨床心理学の立場から◆山崖俊子先生／津田塾大学助教授
保育の現場から◆日高幸子先生／前・大田区立上池台保育園園長（東京都）
藤森守先生／おともだち保育園副園長（東京都）

Case 1

2歳児 Nちゃん

舞台で固まって動けない

Nちゃんはふだんは男の子のように活発な子です。発表会の練習も楽器を持って楽しそうに演奏していたのですが、舞台に上がっての練習になると固まってしまい、絶対に動こうとしません。発表会には、Nちゃんのおじいちゃん、おばあちゃんも見にくるらしく、保護者もすごく期待しているようです。

麻里先生（保育経験2年）

発達心理学の立場から

行事はだれのためのものかを考えて

2歳児では、当然起こりうることと、とらえておいてください。練習中は平気でも、当日になってできなくなる子もいます。子どもたちが、無理せずできる内容を考えたいですね。そのためにも、行事は子どものためにあることを園全体で確認し合うとよいでしょう。

そして保護者にも、当日の結果だけで良い悪いを評価するのではなく、子どもが経験することを大事にしてほしいということを伝えていきます。当日までに、練習での生き生きした姿を撮影した写真を見てもらったり、園便りなどで、こんなふうに練習して作り上げましたと、ようすが伝わるようにしておきましょう。そして行事が終わったら、「楽しかったよ」と抱きしめてくださいとお願いするのもよいですね。

また、個別のお便りを書く機会があれば、「Nちゃんはふだんと違うということを感じられるようになっているため、練習のときは元気ですが、舞台に上がることにとまどいがあるようです」と予告しておいてもよいかもしれません。

（大國）

保育の現場から

保育者がいっしょにやってみよう

ふだん活発な子の中には、家庭が厳しいため自分を抑えており、園で発散しているというケースもあります。Nちゃんも、親子関係で自分を出せていないのかもしれませんね。家庭からの期待がプレッシャーになっているのではないでしょうか。

保護者には、当日のNちゃんのようすを見てがっかりしないように、ふだんのようすをビデオに撮るなどして見せておいてはどうでしょうか。そうすることで、Nちゃんの園でのようすを知ることができますね。そしてNちゃんが固まっているときは、「先生といっしょにやろうね」と保護者がそばについて、気持ちを楽にしてあげるのもよいかもしれません。

（日高）

Case 2

3歳児　Hくん

練習ではできたのに本番で大泣き

運動会の練習では、とても元気で生き生きしていたのに、本番では大泣き。しかたなく、わたしに抱かれて見ていることになりました。運動会だけでなく発表会も同じような状態で、保護者は「この子はだめね」と、子どもの意欲をつぶすような態度です。Hくんの1歳上のお兄ちゃんはなんでもよくできる子で、運動会では花形。ふだんからお兄ちゃんと比較され、Hくんにはコンプレックスがあるようです。

有果先生（保育経験3年）

臨床心理学の立場から

コンプレックスを取り除こう

Hくんは人の話がよくわかり、心を感じる能力のある「過剰適応」（114ページ参照）の傾向があり、それが破たんしてしまったケースではないでしょうか。おそらく、行事などでは、過度の期待を感じてしまうのでしょう。「ママも見ている、本番はうまくやらなくては」と思いながら、同時に要求にこたえられないと感じ、やる前から「だめだ」と動けなくなるのでしょうね。

コンプレックスとは、対人関係の中で評価が与えられて成立するものです。Hくんの場合は、他者が自分のことをお兄ちゃんより「へた」だと思っているという、自己概念にとらわれているようです。保育者は、HくんはHくんのままでよいということを、伝えていけるといいですね。

（山崖）

保育の現場から

おまじないで、安心感を持たせよう

いざ本番となるとパニックになったり、フッと違うことをやってしまったりする例はよくあります。Hくんがこれまでどんなに楽しく、生き生きと練習してきたかを、保護者に手紙などで、何回となく伝える必要があるでしょう。

また、練習のときから、二人だけに通じるおまじないのようなもので、Hくんに安心感を与えるようにしてはどうでしょう。例えば、演技の前に保育者と手を打ち合うとか、そっと耳もとでささやくとか、演技の途中で保育者とHくんが目を合わせるタイミングを決めて合図するとか……。一時的にでも、有果先生が保護者の代わりにHくんの後ろだてになればよいのです。

（藤森）

「いっしょにやる」のは難しい

時間・場所・動作を決められた運動会や発表会は、みんなでいっしょにやる要素がふだんの保育より強くなり、はるかに自己コントロールが必要です。「自分がやりたいからやる」というより、全面的に周りに合わせていくことを要求され、ショーとしてお客さまに見せるという意識を持たされます。

個人差はありますが、他者との関係性が育っていない子どもには、決められた時間と場所で、決められた動作をするのは、とても難しいものだと心得ておきましょう。（山崖）

Case 3

4歳児　Mちゃん

ほかの子への注意にも泣き出す

ふだんから、ちょっとしたことでも涙する子です。まじめに運動会の練習をしていますが、いつもどこかビクビクしている感じです。一部の子が注意されたりすると、自分のことのように泣いてしまいます。園長から「あの年齢は……」などと指摘されるのもいやなので、Mちゃんのことを気にしながらも、ついみんなに強制したり、しかったりしてしまいます。

明美先生（保育経験3年）

臨床心理学の立場から

自我が育つサポートを

Mちゃんもやはり、「過剰適応」（114ページ参照）が破たんしているのではないでしょうか。

Mちゃんの場合は、周りとの圧迫される関係にたち打ちできる自我（意志）が育っていないのではないかと思われます。人の話がよくわかるという能力があり、大人の言うことをちゃんと聞くことができるため、さらに言うことをきかせようという扱いをされてきたのかもしれません。生後4年間は「よい子」で育ってきて、反抗心が芽生えず、自我が育ちにくい状況だったと言えます。泣いたときには、近くに行って、「心配になっちゃったのね」などと声を掛けるとよいでしょう。（山崖）

保育の現場から

注意のしかたに気を配ろう

ひとりの子どもに注意をすることで、ほかの子どもたちにも注意を促す、ということを保育者はよくやります。運動会前は、注意をすることも多く、感じやすいMちゃんのような子どもには、つらい毎日でしょう。

注意のしかたには、「○○ちゃん、そんな持ちかたは危ないよ」などと、マイナス面を強調する言いかたと、「△△ちゃんみたいな持ちかたをすれば、転ばなくていいね」という、プラス面を強調する言いかたがあります。マイナス面ばかりを強調していると、どうしてもクラスの雰囲気が悪くなり、ビクビクする子どもが多くなります。注意をするときは、プラス・マイナスをうまく使い分けるとよいですね。

しかったり、注意をしたりしようとするときは、子どものことを自分に置き換えてみてください。保育者自身がうまくいかないとき、自分なら他者からどんなふうにしてもらうと力が出るかを考えてみると、どんな注意のしかたがよいのかがわかるはずです。

Mちゃんの気持ちは、実は、園長から指摘されるのをビクビクしている、明美先生の気持ちでもあるのかもしれませんね。（藤森）

Case 4

5歳児　Jくん

走るのが遅い子への攻撃にどう対応する？

運動会のクラス対抗リレーは、みんなが燃えている種目ですが、わたしのクラスは予行練習で負けてばかり。ところが、走るのが遅いJくんが欠席した日の練習に限って優勝してしまいました。その後やはり負け続け、そのうち「Jくんが遅いから、勝てないんだよ」という声が、何人かの子どもたちから上がりました。「どうしてそんなこと言うの！」と強くしかってしまったのですが、これでよかったのでしょうか。

久美子先生（保育経験2年）

臨床心理学の立場から

あしたになればケロリということも

子どもは場面によって、いくらでも評価を変えるものです。Jくんへのことばによる攻撃については、そう心配はないでしょう。ただ、ここで保育者や周りの大人たちが、「あの子がいると遅くなっちゃうのよ」という気持ちを抱くと、それがほかの子どもたちへ伝わり、「Jくんはダメ、遅い子」というレッテルがはられてしまうので、注意してください。

子どもたちが勝ち負けにこだわるのは無理もないことです。その中で「みんな一生懸命やってるよね」と、お茶を濁すようなことばを掛けても、納得できません。このような場合、子どもといっしょに、リレーの目標をどこに置くかを考えてみてはどうでしょう。Jくんが最後までがんばって走ることを目標にするとか……。対応に決まった正解はありません。子どもたちと一生懸命に悩んでほしいですね。（山崖）

保育の現場から

子どもたちの「芽」を信じること

子どもには残酷な面もありますが、Jくんの努力を認めようとする「芽」も持っているはずです。経験の浅い久美子先生が困って悩んでいる姿や、Jくんががんばっている姿を認めようとする気持ちはきっとあります。ところが「そんなことを言ってはダメ」と否定して抑えてしまうと、そのたいせつな「芽」が見えなくなり、「Jくんがいけない」という感情がクラスの中でさらに高まってしまいがちです。タイミングを見て、「Jくんだって、がんばっているよ」「Jくん、速くなるかもしれないよ」などと繰り返し言いながら、子どもたちといろいろな策を練ってみてください。そのうち、「Jくんもがんばったね」ということばが必ず出ると、子どもたちを信じることです。

保育者が解決したり、教えたりすることではなく、子どもたちが経験の中で実感していくことをたいせつにしたいですね。（藤森）

Case 5

5歳児　Kちゃん

運動会の練習に意欲が見えない

Kちゃんが外で元気に動いてあそぶことは、まずありません。外に出て体を動かす楽しさを知らないのでしょうか。園庭に出ると、すぐにしゃがみ込んでしまいます。運動会の練習でも、一生懸命走ろうとする意欲が見えません。運動会には少しでも楽しく参加できるようにと考えているのですが…。保護者は「わたしと同じで運動神経が鈍いんです」と、気にも留めていないようです。

薫子先生（保育経験3年）

臨床心理学の立場から

運動に対するコンプレックスが原因では

　あそびにも個人差や好みがありますが、外あそびだけを嫌うということはあまり考えられません。Kちゃんは今までに、保護者から「体を動かすことが苦手」だと、運動に対するコンプレックスを植え付けられてしまっているのではないでしょうか。そうだとしたら、運動会や外あそびになると体が固くなるのは当然です。そして、なんとか動いても良い結果が得られず、また親や周りからの評価が悪くなる、という悪循環に陥ってしまっているのかもしれません。

　体を動かすことは、人間本来の欲求でもあります。コンプレックスが強いようならば、無理のない動きを屋内でやってみるなど、その楽しさが味わえるような経験をさせてあげたいですね。

（山崖）

保育の現場から

行事は、子どもに役割を与え、認めるチャンス

　動くのが嫌いだから楽しくなさそうなのだとしたら、運動会を、Kちゃんがみんなに認められ、自信を付けるチャンスにすればよいのです。旗を持って先頭を歩くとか、保育者といっしょにライン引き係をするとか……。

　Kちゃんに限らず、特異な行動で気を引こうとする子や、自信のない子には、役割を与えるようにします。そうして認められると、その子の心が充実して自信が付くものです。いつもの保育ではなかなか評価されない子にスポットライトを当てるチャンスだととらえましょう。

（藤森）

「競争心」はまだ育っていない

　競争心は6歳の終わりまでにほぼ育つものですが、きょうだい関係によっても、その時期は違ってきます。今はきょうだいの数が少なく、おっとりした子が多いこともあり、5歳くらいでは赤裸々な競争意識はまだ育っていないと思ってよいでしょう。負けてもじだんだを踏んで悔しがる子が少数であることが普通で、勝ち負けの盛り上がりに乗ってこない子どもも、発達から見ると自然な姿なのです。

（山崖）

Column

「過剰適応」とは

周りの要求にこたえようとする気持ちが強い

「過剰適応」とは、子どもが大人の気持ちに必要以上にピッタリ添って行動してしまうことです。この「過剰適応」の子どもは、何かあるごとに、周りの要求にこたえなくては、という気持ちになり、そうしようと努めます。そして、さらにこたえられないほどの大きな期待をされたときに、その状況が受け止められず、自分をコントロールできなくなってしまう（破たんする）ことがあるのです。精神的に強い子だと、破たんせずやりこなせることもあります。

しかし、できないこともあるのが普通の子どもの姿です。いつも大人が望むようにできてしまうのは、子どもが自分の気持ちにふたをしてしまっている結果ではないでしょうか。このような子どもは、思春期や青年期になって、難しい課題に直面すると、混乱に陥ることもあります。

（山崖）

第8章

あそび付き

造形表現が苦手な子

画用紙を前に固まってしまったり、
素材を前にして何も作れなかったり。
「かけない」「作れない」は、
心と深くつながっています。
子どもの心を受け止め、その子らしい造形表現が
のびのびとできるように配慮したいですね。

お答え

発達心理学の立場から◆窪龍子先生／和泉短期大学教授
大國ゆきの先生／東京成徳短期大学助教授
造形専門家の立場から◆平田智久先生／十文字学園女子大学教授
保 育 の 現 場 か ら◆日高幸子先生／前・大田区立上池台保育園園長（東京都）

はじめに

子どもの創造性を伸ばすには？

造形表現と子どもの心

大人にとっては、見たとおりのもの、視覚的な写実性が真実ですが、子どもにとっては、経験の中で感じたことが真実です。例えば太陽をかこうとするとき、大人は見たとおりの色で表現しようとしますが、子どもは、青や赤、黄色など、好きな色を使って表現します。また、海の絵の中に馬をかくようなこともあります。これらは大人の概念では考えられないことですが、かきたいものや思い出したものと、使いたい色とが、必ずしも一致しないのが子どもです。青い太陽や、海の中の馬は、その子がそのとき「青い色でかきたい」「馬の絵をかきたい」と思った心がそのまま絵に表れているのです。ですから、保育者は、「太陽は青くないよ」「馬は海にいないよ」と子どもの絵（心）を否定してはいけません。「おもしろいね」のひと言でもいい、「太陽が青かったらまぶしくないのかなぁ？」「馬が海の中にいたらどんなふうに泳ぐのかな？」などとおもしろがってもいい、子どものかきたいそのままの気持ちを認めてください。

子どものイメージを広げることばかけ

子どもの作品について話をするときには、まずはそこに表れている具体的な特徴を探し、

プラスに受け取られるように話すことが大事です。画面からはみ出すくらいいっぱいにかかれている絵には「大きくかけたね」、グルグルなんだかわからない線がたくさんかかれていたら「元気なグルグルすてきだね」「いっぱいかけたね」などと、いいところを探して伝えましょう。そして、「何をかいているの?」というような質問は、子どもに「かいたものをことばで説明しなくてはならない」「ことばで説明できるものをかかなければならない」という意識を持たせてしまうので、避けたいものです。

造形表現が苦手な子には「いたずらあそび」を

子どもは造形表現の中で、知っている事がらどうしをつなぎ合わせてイメージを広げる、ということを自然にしています。例えば、破れた紙を組み合わせて動物の形を作ってはると、保育者が何も指示しなくても、子どもは「目をかきたい」「足をかこう」と、どんどんイメージを広げていくものです。

しかし中には、自由にイメージを広げられないため、造形表現が苦手な子どももいます。年齢が低かったり、生活経験が少なかったりすると、家庭での生活規制が強いことが原因となっている場合が多く、年齢が高くなるに従い、既成概念に固執して新しい発見ができないことが原因になってきます。このような子どもたちのイメージを広げるには、「いたずらあそび」が効果的です。じょうず・へたの評価や固定概念にとらわれない「いたずらあそび」を通して、自由で新しい発想のできる場面を作ってあげてほしいと思います。

（平田）

Case 1

4歳児　Fくん

保育者といっしょでなければ絵がかけない

ふだんから恥ずかしがり屋で慎重派。注目されるのをいやがるFくんは、「絵をかきましょう」と言うと、「できない」「かけない」と言って、かこうとしません。一対一で向き合って「口はどんな形かな？」「髪は？」などと声を掛けるようにすると、なんとか作品をしあげることができます。この対応がFくんにとって良いことなのかと疑問を感じながらも、つい口を出してしまいます。

満衣先生（保育経験3年）

みんなでお父さんの顔をかきましょう！
は〜い
1
アレ？Fくんどしたの？かかないの？
……かけない
2
そんなコトないよ
お目めはどんなかな？お鼻は？
3
いいんだろうか…コレで
ワタシのカオになってる？
おとうさん？
4

発達心理学の立場から

評価を気にしすぎているのかも

Fくんは、初めからひとりでかけなかったのではなく、1、2歳のころは、なぐりがきを楽しんでいたのではないでしょうか。もし、4歳になってかけなくなったのだとしたら、Fくんの絵や行動に対する周りの大人の態度を、振り返ってみる必要があるかもしれません。Fくんが何かをしたとき、周りの大人が「それでいいわよ」といつも評価し、承認をしていたとしたら、当然Fくんは評価を気にする子どもになってしまいますね。

子どもの「生きる力」と「表現する力」には、安心感と自信が必要です。ありのままの自分を受け入れてもらえたという実感から安心感が、いっぱいあそんだという楽しい体験から自信が生まれるのです。（窪）

造形専門家の立場から

いたずらがき体験で不安を取り除いて

ほんとうにひとりでできない子は、絵をかくときだけでなく、食べるとき、靴を履くときなど、すべてにおいて保育者を頼ってきます。Fくんが、絵をかくときだけひとりでできないとしたら、今までの生活に、ひとりでかけなくなってしまった要因があるのでしょう。保護者やきょうだいに、「これはこうかくのよ」などと、いつも手を出されていたのかもしれません。そのために、絵をかくことに自信が持てなくなったということも考えられます。

いずれにしてもFくんは、かくことに不安を持っているのですから、まずそれを取り除くことです。感じたことをそのまま表現してよいということを伝え、砂場や園庭に絵をかいたり、指に水を付けて鏡にかいたりなど、いたずらがき的なことをたくさん経験できるようにしてみるとよいでしょう。（平田）

Case 2

2歳児　Sちゃん
のりが嫌いで逃げ回る

2歳児で入園したSちゃんは、なんでもわかる頭の良い子ですが、手が汚れることを極端に嫌います。なんとか粘土あそびはできるようになりましたが、まだ泥んこあそびができません。もっと困っているのはのりを使う活動で、初めは、保育者が手にのりを付けただけで大泣きをしてしまいました。以後のりを使う活動になると、さっと逃げてしまいます。Sちゃんのような子には、泣いてしまっても、ベトベトの体験をさせたほうがよいのでしょうか。

美咲先生（保育経験2年）

発達心理学の立場から

無理強いせず、楽しめることから始めて

　Sちゃんのように、子どもがドロドロやベタベタをいやがる場合、大きく分けて、二つの原因が考えられます。一つは皮ふ感覚が過敏なケースですが、Sちゃんは、粘土あそびができるようになったのですから、病的な過敏性はあまり考えられませんね。もう一つが、ベタベタ・ドロドロの経験が不足しているケースです。保護者がきれい好きで、手が汚れるとすぐに「ベタベタ、ばっちいね」「きれいにしようね」とふいたり、「汚いからダメ」としかったりしていると、どうしても汚れを嫌うようになってしまいます。

　いずれにしても、保護者の対応を否定するのではなく、保育活動の中で、子どもの心をほぐしていくことがたいせつです。無理強いせず、Sちゃんが楽しめることから始めましょう。色水を使ったフィンガーペインティングや、ちぎり絵など、手先を使って結果が出るような活動が、Sちゃんの心をほぐすきっかけになるかもしれません。

（大國）

保育の現場から

急がず、代用品から慣れるようにしよう

　Sちゃんは、2歳半から3歳くらいまでにみんながするような、鉛筆やクレヨンでなぐりがきをしたりするといった経験が足りないように思われます。ただ、泣いたり逃げたりする子に、無理にのりを使わせることはないですね。そうすると、よけいに嫌いになってしまうかもしれません。みんなと同じことをしなければいけないということはないのです。最初のうちは、代用品を使うことで、経験不足を補うようにしましょう。

　いろいろなことを経験してもらいたいと思う保育者の気持ちはわかりますが、楽しくなければ経験は生きてきません。セロハンテープだって、ビニールテープだっていいのです。急がないで、ほかの素材で少しずつ慣れていくようにしてはどうでしょうか。（日高）

Case 3

3歳児　Kくん

自由画・自由製作ができない

Kくんは、「遠足の絵」などテーマのあるものなら、作ったりかいたりできるのですが、自由画や自由製作になると、とたんにできなくなります。「なんでも好きなものでいいのよ」と言っても、「ぼくはできない」とポロポロと涙を流して泣いてしまいます。ふだんからとてもまじめな子で、言われたことはきちんとこなします。はしゃいだり、はめをはずしてふざけたりする姿を見たことがありません。

薫子先生（保育経験2年）

発達心理学の立場から

「自由」を苦手とする背景を見直して

家庭で「よい子」であることを、求められているのかもしれません。保護者は無意識かもしれませんが、Kくんが自分の意思を表現するのを抑えているのではないでしょうか。

どうして泣いてしまうのか、ふだんの生活ではのびやかにしているのか、大人の目を気にしすぎていないかなど、Kくんの背景を、もう一度考えてみる必要があるでしょう。また、Kくんに「かきたくない」という気持ちがあるなら、それをくんであげたいですね。（窪）

造形専門家の立場から

「よい子」の枠から抜け出せるようにしよう

本来、3歳児は好奇心おうせいな時期です。なんでも試し、行動し、失敗を繰り返すのが3歳児の姿ですが、Kくんは周りの目を気にして行動し、指示で動くことに慣れてしまい、おりこうさんになりすぎているように思えます。造形活動のスタートの「やってみたい」という欲求を出せないことが、Kくんの心の黄色信号なのです。

保育者はKくんといっしょに、水あそび、砂あそび、積み木あそびなどをしながら、その中でKくんが考えた行動に注目して共感することが大事です。例えば、積み木を高く積んで崩れたとき、「わぁ、すごい音。ねえ、もう一回積んで、また音を出そうよ」とおもしろがってみます。本人は「失敗！」と思ったことが喜ばれて、びっくりすると同時に、失敗に対する構えがなくなっていくでしょう。これを繰り返すことで、Kくんを縛りつけている「おりこうさん」という枠が外れていくと思います。（平田）

創造性ってだれにでもあるの？

「子どもには創造性があって当然」と思い込んでいませんか？　心理学的には、創造性の正体はまだよくわかっていません。わかっているのは、人間は社会の中でしか生きられない存在で、どんな人にも、だれかに自分を表現したいという願望があるということです。生まれたばかりの赤ちゃんでも、気分の良いときには体中でその気持ちを表現して、お母さんに伝えます。何かに抑えられて、自己表現ができないことはあるかもしれませんが、自分をわかってほしくない子どもはいないのです。ただし、自己表現が器用にできる子と、思いは強いのに内に向かってしまう子との、個性としての差は出てくるようです。（窪）

Case 4

5歳児　Rちゃん

自分で考えず、友だちのまねばかり

Rちゃんは、製作活動になると友だちの作る物をじっと見て、同じ物ばかり作ります。同じように作れないと、くふうもせずに「できない」と訴えてきます。なんとか形になると「もういいよ、これで」と言って終わりにし、作品への意欲や、愛着が感じられません。自分で考えて作ることができないのか、製作に関心がないのかわかりませんが、Rちゃんに「これでいいの？」と言いたくなってしまいます。

早智子先生（保育経験3年）

発達心理学の立場から

Rちゃんらしい表現に気づいて

Rちゃんは、自信を失っているのかもしれませんから、まねをやめて自分でやりなさいと言っても、不安になるばかりです。「この子はまねしかできない子」と決めつけるのは、避けましょう。そして、十分に友だちのまねをしたら、「もう一つ、作ってみようか」とことばを掛けたりして、Rちゃんのありのままを認め、受け止めます。これを続けていくことで、Rちゃんは自分の世界を築けるようになっていくと思います。

（窪）

造形専門家の立場から

Rちゃんができるテーマを考えよう

子どもは、例えば自由時間に、だれかが手裏剣を作ればみんなまねをします。そんなとき保育者は、気持ちよく手裏剣の作りかたを教えます。それが、造形活動の時間になると、まねを否定的にとらえるのはどうしてでしょう。造形はオリジナリティーがなければいけないと、思い込んでいるのではないでしょうか。まねは決して悪いことではなく、まねを楽しんでいるなら、精神的に良い発達をしていると言えます。しかし、「できない」と訴えてくるRちゃんの場合は、楽しんでいるとは言えないようですね。

Rちゃんが友だちのまねをするのは、保育者の提案したテーマが、Rちゃんの興味や関心のあるものではないのかもしれません。作らないと先生がうるさいから、まねをして適当に作ったのかなとも思われます。「もう、これでいいよ」と言うのは、やりたくない気持ちの表れです。そんなときは、「Rちゃんはどんなものを作りたいの？」と聞いて、次回はRちゃんが考えたテーマで製作活動をしてみてもいいでしょう。

（平田）

あそんでみよう

いたずらあそび

評価が生まれない「いたずらあそび」は、子どもの自由なイメージを広げてくれます。苦手意識を取り除き、また年齢に関係なく、造形の楽しさを体験できる活動です。

水で絵をかく

筆を使って、コンクリートやブロック、板などに水で絵をかこう。子どもといっしょに、水でも線がかけるという発見を楽しみながら、かいた線からイメージを広げよう。自然に消えるから、好きなようにどんどんかける。

太い線をかく

小さくなったクレヨンを横に寝かせて、太い線をかこう。線をたくさんかいて、線であそぼう。決まりきった素材の使いかたから抜け出して、新しい発見ができるあそび。

焼きそばを作る

紙をお皿に見たて、ジュージュー言いながらクレヨンでグルグルしよう。保育者が「焼きそば、焼きうどん、スパゲティのどれが好き？」と聞いて、子どもはそれぞれ好きなものをイメージしてかいても楽しい。

洗濯あそび

紙を洗濯機に見たて、グルグル線をかこう。保育者が「洋服を洗うよ。スイッチオン」「洋服がグルグル回っているね」「赤いシャツを入れよう」「今度は青い靴下を洗おう」「ストップ」などと、声を掛けてあそぼう。

あそんでみよう

新聞紙で形を作る

①

新聞紙を好きなように破る。破ったら、テーブルの上に並べて形を探し、「これはゾウのおなか」「これはハンバーグ」などと、何に見えるか言ってみよう。

②

「動物に見える形はあるかな?」「食べ物は?」と保育者の言ったテーマに合う形を探そう。見つかった形を画用紙にはって、ほかの部分を想像して絵をかこう。

第9章
ほっ！とひと息ティータイム

子どもたちのことを考えすぎて、
肩に力が入っていませんか？
少しだけ距離を置いて、
くつろぎのお茶の時間にしましょう。
だれにでも、ほっとする時間は必要ですから……。
自分に厳しすぎたかな？
そんなあなたへ贈る
リフレッシュのページです。

Part 1
心理テストで自分発見　ほんとのわたしって？

構成／森冬生

Part2
カウンセリングマインド入門　がんばり屋のあなたへ

作・絵／田村みえ　監修／淵上規后子（東京メンタルヘルス・アカデミー カウンセラー）

ほっ！とひと息ティータイム Part❶

心理テストで自分発見

ほんとのわたしって？

自分自身のことは意外とわからないもの。心理テストでほんとうの自分を見つけて、生活に保育に、じょうずに生かしてください。

START

Q1

たいへんそうだけど、わたしなら務まるかも？と思えるのはどちら？

a 老舗《しにせ》旅館の若おかみ
→Q２へ

b 有名タレントの妻
→Q３へ

Q2

人に用事を頼むのは苦手。少しくらいたいへんでも自分でやるほうが、気が楽！

yes→Q４へ

no →Q５へ

Q3

上司に連れられ、おすし屋さんへ。「なんでも注文していいよ」と言われたら、最初に何を頼む？

a 中トロ！→Q６へ

b 卵→Q５へ

Q4

後輩からタメグチをきかれると、カチンとくる？

yes→Q７へ

no →Q８へ

Q5

あしたでも間に合う仕事は、今日やらないタイプ？

yes→Q９へ

no →Q８へ

Q6

自分が悪いわけではないのに、つい「ごめんね！」と謝ってしまうことがある。

yes→Q９へ

no →Q10へ

Q7

待ち合わせの時間に遅れることは、ほとんどない。

yes→診断A

no →Q11へ

診断 A
長男・長女タイプ
p.132へ

診断 B
真ん中の子タイプ
p.133へ

診断 C
末っ子タイプ
p.134へ

診断 D
ひとりっ子タイプ
p.135へ

Q8
恋も仕事も理想は高いほう？
yes→Q11へ
no →Q12へ

Q9
ホテルの“レディースプラン”、最近はシングルで利用する客が増えているみたい。あなたもひとりのほうが気楽でいい？
yes→Q13へ
no →Q12へ

Q10
いったんこうと決めたら、他人の意見は聞かないほう？
yes→診断D
no →Q13へ

Q11
ボーナスの主な使いみちは？
a 旅行や買い物→診断B
b 貯金→診断A

Q12
パソコンが壊れちゃった。そのときあなたは？
a 自分であれこれやってみて、だめなら業者を呼ぶ→診断B
b パソコンが得意な友人に来てもらう→診断C

Q13
映画や物語では、主人公より敵役やわき役にひかれることが多い？
yes→診断Dへ
no →診断Cへ

診断A 長男・長女タイプのあなたは……

まじめで責任感の強いあなたは、長男・長女タイプ。お姉さんが妹弟のめんどうを見るように、包容力があって世話好き。手間のかかる仕事を「わたしがやっておくから」と、引き受けることも多いのでは？　もちろん、周囲からの信頼は絶大。ただ、自分の気持ちを抑える傾向があるので、ストレスはかなりたまりそう。目標さえあれば根気強く努力できる人でもあります。

「保育」こんな点に気を付けて

to 子ども

子どもに対して、優しい態度で接することができる人です。あなたの包み込むような温かさは、子どもたちにとっても大きな安らぎになるでしょう。ただ、何かにつけてめんどうを見すぎる傾向があるのが心配。「どうしたの?」と先回りして子どもを助けるのは、自立を妨げることにもなりかねません。また、発表会や運動会などのイベントでは、自分の立てた計画にこだわりすぎる面も。子どものようすを見ながら、臨機応変に対応していくようにしましょう。

to 保護者

落ち着いた対応ときちんとした仕事ぶりで、保護者から信頼されるタイプです。保護者からの相談に耳を傾ける態度も真剣そのものでしょう。ただ、ときには深刻にとらえすぎてひとりで悩むことも。あなたひとりで解決する必要はありません。問題が大きいと判断したら園長や専門家に相談を。

職場では

リーダーシップと気配りで頼りにされる存在です。ただ、肩に力が入りやすく甘えべたなので、心を開くまでに時間がかかりそう。もう少しリラックスするよう心がけましょう。また、同僚の仕事の肩代わりは無用。人の分まで仕事を引き受けてはいけません。

＊＊こんな息抜きがピッタリ！＊＊

ストレスの多さにかけては人並み以上のあなた。肩凝りもひどいのでは？　肩凝りといえば温泉！　休日は健康センターでゆっくりリラックスを。自宅のおふろで入浴剤を試すのもよさそう。入浴後はオイルマッサージでスリム効果も！

診断B 真ん中の子タイプのあなたは……

明るくて楽天的なあなたは、兄弟姉妹でたとえると手のかからない次男・次女タイプ。自由を愛し、のびのびした性格が特徴。自己主張は強くなく、協調性があります。こんなあなたの順応力は相当なもの。新しい環境にもすぐになじむことができるでしょう。ただ、何事にも迷いがちで、決断力に欠ける傾向があります。また、やや飽きっぽいところもあります。

「保育」こんな点に気を付けて

to子ども

自由を好むあなたらしく、のびのびとした保育ができます。小さなことで怒ったり、管理しすぎたりすることがないので、子どもたちもゆったりと過ごせるはず。しかし、のんびりした性格からか、ときに放任になりすぎることも。何かを決めたり実行したりするときは、子どもたちに任せきりにしないで、あなたの意見もしっかり伝えましょう。大人にはわかりにくいこだわりが、子どもの世界にはたくさんあります。そんな子どもとの約束をしっかり守ることもたいせつです。

to保護者

その明るさとおおらかさから、保護者からは「先生」というよりも「友人」のように見られることもありそう。相談しやすい雰囲気なので保護者との関係は和やか。残念なのは「頼りない」と見られがちなこと。ときには毅然《きぜん》とした態度で応対することも必要かもしれません。

職場では

みんなの意見をまとめるのがじょうずなので、上司と同僚との調整役としてちょうほうされそう。人間関係は問題なさそうですが、仕事に慣れてくると注意力が散漫になりがちなので要注意。特に休み明けの書類のミスには気を付けて。ルーティンワークを確実にこなせれば、文句なしです！

＊＊こんな息抜きがピッタリ！＊＊

動 植物と相性の良い人です。疲れたときはペットショップやお花屋さんへ。かわいい動物や、きれいな花を見ているうちに、自然と気持ちが和やかになるはず。自宅でコンテナガーデンを楽しんだり、ペットを飼ったりするのもお勧めです。

診断C

末っ子タイプのあなたは……

要領が良くて甘えじょうずなあなたは、末っ子タイプ。雰囲気は明るくて華があります。常識にこだわらず、豊かな発想ができるのもこのタイプの特徴。「なんでそんなこと思いつくの」と、感心されることもよくあるのでは？　性格的にはかなり気分屋。周囲はあなたの顔を見ただけできげんがわかるようです。傷つきやすい代わりに立ち直りも早いので、意外としんは強め。

「保育」こんな点に気を付けて

to 子ども

ユニークな発想と独特の視点で、子どもに愛される人です。子どもたちが毎日飽きないようにあそびをくふうし、発表会などでは「あの先生のクラスは出し物がおもしろい」と期待が集まるでしょう。ただ、その日の気分によって子どもへの接しかたが変わりがち。そのため、子どものほうがあなたに気を遣うこともありそうです。子どもたちによけいな気遣いをさせないためにも、自分の気分や感情を律することを覚えましょう。いつも穏やかでいられれば、最高の保育者に！

to 保護者

話しじょうずで愛想もいいあなた。きっと保護者からの好感度も高いでしょう。しかし、めんどうな問題に背を向ける傾向があります。何かトラブルが起こったときも、逃げずに対応しなければいけません。子どもをよく観察し、保護者との連絡をまめにとることがたいせつです。

職場では

甘えじょうずで芸達者なあなたは、職場のムードメーカー的な存在。みんなの「妹分」としてかわいがられそうです。でも、ナルシストでがんこな面も。上司や同僚からのアドバイスを聞き流す傾向があるので、人の助言にも耳を傾ける態度を身に付けましょう。

＊＊こんな息抜きがピッタリ！＊＊

大きな声を出すことでスッキリ気分転換できそう。イライラしたときは、仲のいい友人たちとカラオケに繰り出しましょう。また、本格的にボイストレーニングをするのも楽しそう。アカペラやゴスペルなどを習いにいってはいかが？

診断D ひとりっ子タイプのあなたは……

自分の価値観をしっかりと持ち、マイペースなあなたは、ひとりっ子タイプ。周囲に合わせるのが苦手で、自分の考えを譲らないため人とぶつかることもあるでしょう。そんなあなたを人は「わがまま」と言うかもしれません。しかし、安易に妥協しないのは誠実さの表れでもあり、すばらしいことです。内面的にも豊かな芸術性が隠れていて、付き合うほどに味の出る人です。

「保育」こんな点に気を付けて

to 子ども

あなたは、子どもと同じ目線でものを見ることのできる人です。一見メチャクチャな子どもの絵や作品の中に芸術性を見いだし「すごいね!」とほめることができるのもあなたならでは。子どもの微妙な心の動きを敏感に感じ取り、共感する能力にも恵まれているようです。そんなすばらしい保育者のあなたですが、特定の子どもをひいきしたり、得意なことのみに力を入れたりしがちな点が残念。バランスよく、全体に目配りできるように心がけてみましょう。

to 保護者

子どもを思うあまり、強い口調で保護者に注意することがありそうです。強く言われると反発したくなるのが人情。自分の気持ちをうまく伝えるすべを学んでください。ソフトな物言いをマスターしておくとよいでしょう。なお、ふだんのあなたは保護者から一目置かれているのでご安心を。

職場では

一匹オオカミ的なところがあります。ただ、その才能と行動力から、いざというときに頼りになる存在であることは確か。あなたの良さは深く付き合うほどにじみ出てきます。たまには園の人たちと食事やカラオケに行ってはどうでしょう。意外と盛り上がるかもしれませんよ。

＊＊こんな息抜きがピッタリ!＊＊

人間関係に疲れがちなあなたには、旅がいちばんの息抜きになるはずです。「くたびれた」と思ったら、日帰りでもいいのでどこか知らない土地へ出かけましょう。もちろん、長い休みを利用して海外旅行をするのも良いリフレッシュ法です。

ほっ！とひと息ティータイム
Part②
カウンセリングマインド入門

がんばり屋のあなたへ

がんばることは悪いことじゃない

でも・・・

作・絵 田村みえ

こんなに　大きな空だって・・・

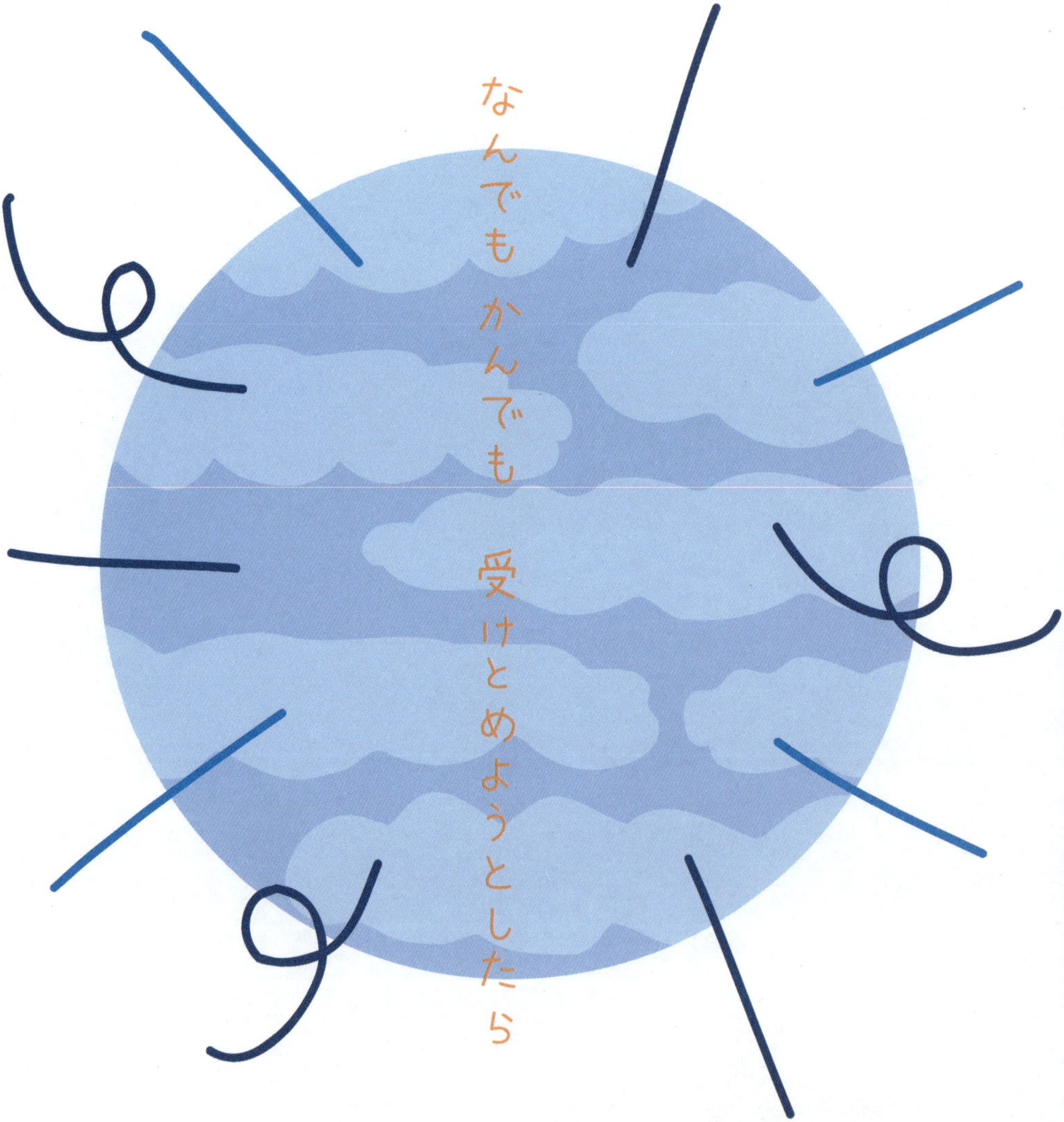

なんでもかんでも受けとめようとしたら

いつか パンクして

大変なことに なっちゃうよ

だから　そうなる前に　少しずつ
空は・・・
ホントの気もち
伝えてくれるよね

がんばりすぎるキミも・・・
パンクするまで
かかえこまないでいいんだよ

ホントの気もち　少しずつ　伝えてみてね・・・

そこにはあなたが 思うより

ずっとずっと　ステキな未来が広がっているはず・・・

ひとりで かかえないでね

自分の心を見つめてみよう

わたしたちは、さまざまなストレスを受け、ときには、つらい思いもしながら生活しています。だから、このような心の中の思いや感情をだれかに伝え、わかってほしいと思います。そして、自分の思いがうまく伝わらず、だれにもわかってもらえない状態が続くと、苦しくて不安になり、ほかの人の気持ちを受け入れることが困難になってしまいます。その思い、ひとりで抱えないでくださいね。自分の心の状態を、次の表で見つめてみましょう。

●自己肯定感

得点が低いほど外からの刺激や衝撃に対して感じやすく、不安に陥りやすくなります。そして高いほど心が安定しています。自己肯定感が確かな人は、自分や人を信頼している人とも言えます。心が大きく揺れずにすむので、人の気持ちを聴き、受け入れることができるのです。

チェック項目	はい	いいえ
①「よくやっているよ」と心の中で自分に声を掛けることがある	1	0
②まあまあ自分に満足している	1	0
③ほかの人ができることは自分でもやれると思う	1	0
④自分も他人と同じくらいの価値があると思う	1	0
⑤自分には良いところがないように思う	0	1
⑥自分のことが嫌いである	0	1
⑦自分は何をやってもだめだと思う	0	1
⑧自分はこんなはずじゃなかったと思う	0	1
⑨何か言われると、それが非難に思えてしまう	0	1
⑩物事を楽天的に受け止める	1	0

●心のサポート環境

つらいことや悲しいことで心がいっぱいになったとしても、その気持ちを受け止め、くみ取ってくれる人が身近にいると、心は安全です。気持ちを聴いてもらうことができると、今度は人の気持ちも受け入れることができるようになります。

次の①～⑩に当てはまる支援者が、家族、職場、友人の中にいますか？振り返ってみましょう。多いほどあなたの心は安全と言えます。

①いっしょにいるとほっとできる人
②安心して甘えられる人
③いつも気にかけてくれる人
④よく理解し認めてくれる人
⑤個人的なことや内面的なことを話せる人
⑥あなたが信頼されていると思える人
⑦あなたの成功や成長を見守り、心から喜んでくれる人
⑧あなたの考えや感じかたに賛同してくれる人
⑨お互いの気持ちを伝え合うことができる人
⑩お互いによくわかり合える人

●聴く力

ここでは、相手のことばを聴き、受け入れることができるかどうかをチェックしましょう。当てはまる項目に○を付け、20点以上だったら心を聴くことができる人と言えます。

チェック項目	そうだ	まあそうだ	そうでない
①人の話に区切りが付くまで口を挟まない	2	1	0
②受け入れにくい話はやりすごす	0	1	2
③人がまちがっていると思うと正したくなる	0	1	2
④相手が黙ってしまうと間が持たなくなる	0	1	2
⑤相手が落ち込んでしまうと困ってしまう	0	1	2
⑥相手が攻撃してくると腹が立つ	0	1	2
⑦相手が話していてもほかのことを考えてしまう	0	1	2
⑧相手の考えがなるほどとわかることが多い	2	1	0
⑨相手の気持ちがしみじみと伝わってくる	2	1	0
⑩自分の考えや気持ちと違うことを言ってしまう	0	1	2
⑪ちょっとしたことで腹が立つ	0	1	2
⑫すぐ落ち込んでしまう	0	1	2
⑬自分の気持ちを見つめたり整理したりできる	2	1	0
⑭人は自分の中に解決する力を持っていると思う	2	1	0
⑮自分は人に理解されていると思う	2	1	0

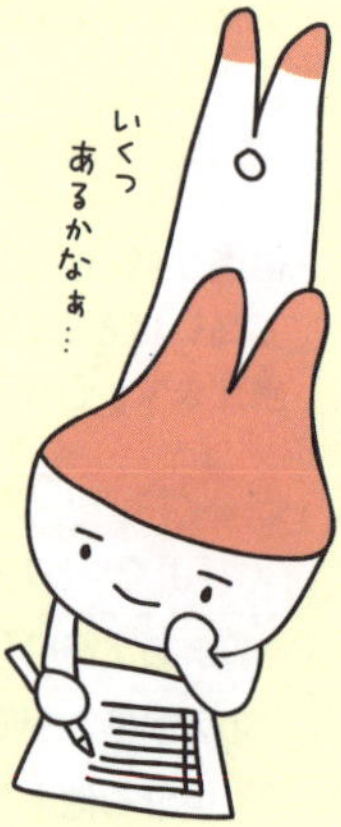

●カウンセリングマインドの三つの基本

カウンセリングマインドとは、目の前の相手（子ども）をたいせつに思い、気持ちを聴いたり、くんだりして温かく見守り、心を受け止めることです。気持ちを聴いてもらうことの少ない子どもの心を受け止め、答えを提供するのではなく、できる限り子どもをわかろうとしましょう。すると、子どもたちの心は安定して落ち着き、学ぶ意欲やあそぶ元気、友だちへの思いやりなど、新たなエネルギーが生まれてきます。カウンセリングマインドの三つの基本を意識して、子どもたちに向き合いましょう。

1 自己一致―自分の心にすなおになる

相手の話が「おかしいな」と思ったら、すぐには口に出さないで、そう思った自分自身を見つめる。無理に相手に合わせて自分の気持ちを閉じ込めようとすると、その気持ちにとらわれてしまう。自分の気持ちに気づいておく。

2 無条件の肯定的関心―相手をそのまま受け入れる

温かい関心を持って相手のそのままを受け止めようとする。まずは、「うんうん」「そうなのね」という思いでうなずきながら話を聴く。すると「ああそうなのか」と受け入れることができる。

3 共感的理解―相手（子ども）の立場になって聴く

「きっと何かわけがあるのだろう」という気持ちで、相手の心の中をのぞいてみる。なかなか共感できないときでも、自分の気持ちを否定するのではなく、そんな自分からちょっと離れてみる。そして、相手の感じているのと同じように感じてみようとすると、「そうか、そういうことだったのか」とわかってくる。

第10章 ことばの少ない子

保育者側に心の余裕がなくなると、ことばで意思表示をしてくれない子どもの気持ちがつかめなくなりがちです。
気持ちを知りたいと、ことばを引き出そうとするほど、子どもとコミュニケーションがとれなくなってしまいます。
ことばでうまくやり取りできない子どもと心を通わせるには、どうしたらよいのでしょう。

お答え

言語聴覚士の立場から◆中川信子先生／東京都調布市健康課「子どもの相談室」
アドバイザリースタッフの立場から◆野田幸江先生／東京都教育委員会・アドバイザリースタッフ
保育の現場から◆久保珠恵先生／新座市立北野保育園（埼玉県）
山野智美先生／むくどり保育園（神奈川県）

はじめに

ことばはどのように発達するのか？

体と心が育って初めて、ことばが育つ

脳は、大まかに三つの部分に分かれます。「脳幹」は、生命の中枢で、体をつかさどっています。その外側にあるのが「大脳辺縁系」で、心をつかさどっており、その外側の表面を覆っているのが「大脳皮質」で、ことばをつかさどっています。「大脳辺縁系」は感じる脳、「大脳皮質」は考える脳とも呼ばれます。

ことばをつかさどる「大脳皮質」が働くためには、脳幹や大脳辺縁系の機能を高めることが必要です。それには、寝返りやお座りなど、身体面での発達を一つずつ積み重ね、人とのふれあいなどのここちよい経験をたくさんしていくことです。そうして脳幹と大脳辺縁系の機能が高まると、大脳皮質の発達が促され、ことばが育ってくるのです。

ことばを育てるには、まず環境を整えて

保育者は、どうやったらことばを引き出せるかと考えるようですが、ことばは引き出されるものではなく、出てくるものです。標準に振り

脳の発達のメカニズム

脳の発達は鏡もちに例えることができます。鏡もちは、いちばん下の土台が大きくなければ、その上に大きなもちを乗せることはできません。いちばん上は、さらに小さくなってしまいます。
脳の発達もこれと同様で、土台となる「脳幹」「大脳辺縁系」がしっかりと育っていないと、「大脳皮質」は育たないのです。

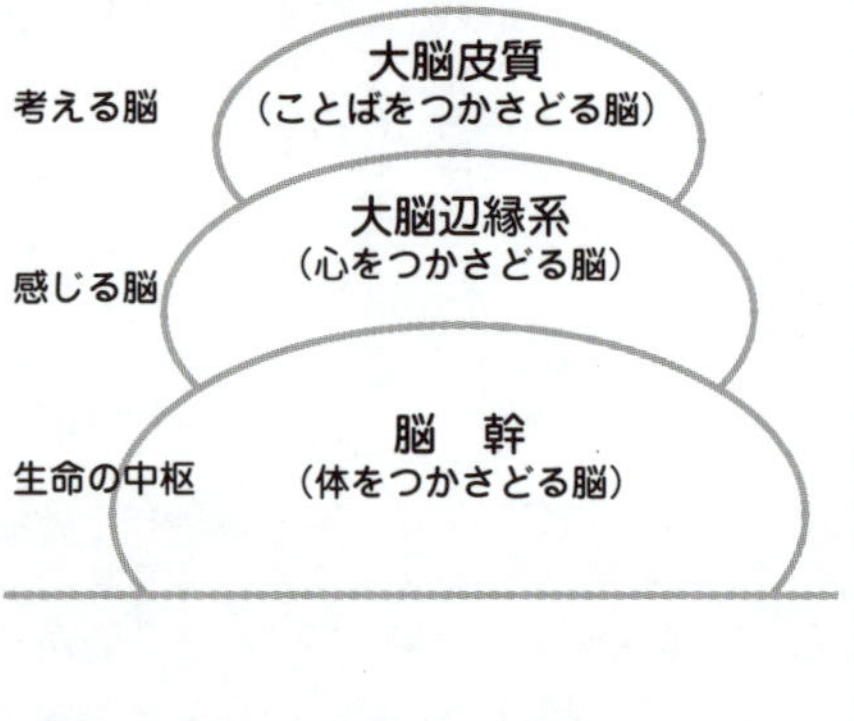

回され、無理に話をさせようとしても、出てきません。

　子どもには、速くしゃべる、ゆっくりしゃべる、ことば数が多い、無口など、ひとりひとりの性格や傾向があります。根本の性格や傾向は変えるのが難しいのですから、その子のペースや性分に合った育てかたをすることが必要でしょう。

　球根には早咲き遅咲きなど、いろいろあります。早く咲かせようと芽やつぼみをつまんだり、引っ張ったりすると、成長点を傷つけてしまい、茎も伸びなければ、花も咲きません。良い花を咲かせるには、良い土壌、水、適度な日光など、環境を整え、過度の干渉を避けることが必要です。子育てや保育もこれと似ているかもしれませんね。

　子どもも球根と同じで、過度の干渉を避け、環境を整えることがたいせつです。まずは基本的な衣食住を整えることが、保育者や保護者にとっての原則だと考えましょう。今は何事も早くやらせようという傾向があり、ことばが出るのが遅いと心配する人が多いようです。しかし多くの場合は、環境を整え、体と心が十分に育つとことばは出てくるようになります。あまり先回りしないで、子どもの持っている伸びる力を信じたいですね。


（中川）

Case 1

園ではひと言もしゃべらない

3歳児　Mちゃん

Mちゃんはいつもうつむきがちで、一対一で向き合っても、あまり目を合わせません。また、うなずいたり、首を横に振ったりして意思表示はするのですが、ことばを話そうとはしません。友だちとも、かかわってあそぶというより、同じことを隣でやっているという感じです。家ではうるさいくらいにおしゃべりをするらしいのですが、園と家とで、なぜこんなに差があるのか不思議です。

知子先生（保育経験3年）

言語聴覚士の立場から

Mちゃんとの信頼関係を築こう

Mちゃんの緊張を緩めるには、Mちゃんのことをよくわかってくれる人が存在し、安心できる環境が必要です。保育者は、Mちゃんが困ったときになんでも言えるような信頼関係を築きたいですね。そして、「おしゃべりしてくれるなら、Mちゃんのこと好きよ」という条件つきの受け入れではなく、「今は話をしないで見ていたいのね」と、そのままを受け入れましょう。そのうえで「先生は、みんなといっしょにあそんだほうが楽しいと思うよ」と、自分のメッセージを伝えていきます。

ただ、声は出さなくても、見ていることが楽しいというタイプの子どももいます。楽しいときは、必ずことばが出てくる、という思い込みは避けてほしいですね。

（中川）

保育の現場から

まずは保育者を好きになってもらうこと

保育者が何かを聞き出そうとすればするほど、Mちゃんは口を閉ざしてしまうのでしょう。こちらがしゃべらせようとしているうちは、信頼関係は作れません。Mちゃんに歩み寄って、保育者のことを好きになってもらうくふうをしましょう。

例えば、登園のときなどにちょっとしたあそびを共有します。また、Mちゃんのことをよく見ていて、困っているようなときにそっと近寄って手助けしましょう。伸びたつめを切ったり、髪の毛を整えたり、ちょっとした援助をすることも、Mちゃんに近づくチャンスかもしれません。

また、保育者はMちゃんが得意なことや好きなことを見つけます。お絵かきが好きだとしたら、かかれた物に対して「わあ、大きなリンゴ。先生も食べたいな」というように、関心を示して認めます。そのとき、評価するようなことは言わないようにしましょう。

もしMちゃんが、何かをするときに黙々としていて目だたない子なのだとしたら、ときにはMちゃんの作品をみんなに発表して、自信が持てるようにしてもよいですね。

（久保）

Case 2

2歳児　Sくん

泣いたり怒ったりして意思表示

人の使っているおもちゃを横から取ろうとしては泣き、自分が飽きて放っておいたおもちゃを、友だちが使ったと言っては怒ります。また、友だちと体が軽くぶつかっただけでも大泣きします。最近では周りの子も慣れてきて、Sくんが欲しがるとパッとおもちゃを差し出したり、好きな車を持ってきたりします。また、家ではテレビやビデオを見たいだけ見せているとのことです。

あすみ先生（保育経験2年）

言語聴覚士の立場から

体と体のふれあいが効果的

子どもが激しく怒ったり泣いたりしたときは、体を触れ合わせて気持ちを紛らわし、安定した状態になるように援助します。激しい気性を直すことはできなくても、興奮状態を短くすることはできます。だっこしてピョンピョンとんだり、グルグル回ったり、ギュッと抱きしめたり、といった体のかかわりが効果的です。こうした動きは、脳幹部と脳細胞とをつなぐ情報の流れを調整する刺激となり、不安定な子どもほど要求してくることが多いようです。

また、子どものために良い環境を考えるならば、テレビやラジオを長時間視聴せず、つけている時間と消している時間をきちんと分けたほうがよいことを、保護者に伝えましょう。早寝早起きの生活習慣を身に付けることも、とても大事です。

（中川）

保育の現場から

保育者がいちばんの友だちになろう

保育者はSくんのそばにいて、いっしょに行動してみてはどうでしょう。あそびに誘いながら、場面ごとにことばを掛けます。「こういうときは『貸して』と言おうね」と保育者が仲介しながら、いっしょに友だちとかかわっていきます。

いっしょに行動をすると、Sくんがどんなときに喜び、どんなときに泣くのかがわかって、対応も考えられますね。友だちとのかかわりかたがわからない子や苦手な子は、密着してみると、何かがわかってくるものです。

（久保）

言語発達の四つの法則

ことばの発達が気になったとき、以下のことを踏まえて子どもを見るようにしてみましょう。

◆ことばの発達は個人差が大きい。

◆ことばの発達は、持って生まれた特性と環境との相互作用の中で培われる。

◆理解が先で、ことばで表現できるようになるのは後。

◆ことばは心身の発達を反映する。体が元気で、心が健康で、子どもとしてあるべき姿がどのくらい保証されているかが、ことばにも表れてくる。

（中川）

Case 3

単語ばかりで思いが伝わらない

3歳児　Tくん

「のり」「はさみ」などと単語しか言わないため、何をどうしたいのかが伝わってきません。「はさみがどうしたの？」と聞き返すようにしていますが、そうすると、黙り込んでしまいます。家では、Tくんが何も言わなくても、保護者がやってしまうようです。大人が自分の気持ちを代弁してくれるのを待っているようにも思えるのですが、このままでよいのでしょうか。

久佳先生（保育経験3年）

アドバイザリースタッフの立場から

Tくんのことばをつないで理解を示そう

ことばの発達には個人差があります。確かに大人が100%代弁して満たしてしまうと、ことばが遅れることがあるかもしれません。しかし、それが大きな問題になるとは言えません。環境がことばに影響するのは、親が異常なほど子どもを赤ちゃん扱いしているなど、かなり偏った状況です。

久佳先生のように、「はさみがどうしたの？」などといつも問い返していたら、大人ってなんて意地悪なんだろうと感じてしまいます。Tくんが「はさみ」と言ったら、「はさみが欲しいのね」と、ことばをつないで返せばよいのではないでしょうか。

Tくんは、ことばを使わなくてもわかってくれる大人との出会いを求めているのでしょう。それがコミュニケーションの土台なのです。人と人との交流は、ことばだけではありません。3歳児ならなおのこと、保育者は子どもにとって信頼できる存在であってほしいですね。人間どうしの信頼関係があれば、その人と通じ合いたいと思い、自然にことばは出てくると思います。

（野田）

保育の現場から

単語に対応できるよう、そばにいよう

異年齢の保育をしていると、子どもの成長がよく見えます。3歳ではできなかったことが4歳でできていることも多いので、やはり待つことがたいせつかなと思います。

カリキュラムに追われてしまうと、どうしても保育者のつごうで進めたくなりがちです。Tくんのような子が気になってしまうときは、その子のそばに座るようにし、単語が出たときに、すぐに対応できるようにします。

子どもが「はさみ」と言ったとき、「そう、はさみがないのね」とことばを添えて対応してはどうでしょう。子どもは要求を態度で示すこともありますから、そのようなサインも見逃さないようにしたいですね。

（山野）

Case 4

4歳児　Kくん

考えをすぐにことばで伝えられない

グループ活動も増え、自分の意見や考えを出し合う機会が多くなりました。そんな中、Kくんはほとんど自分の意見を言うことができません。Kくんは、「うんとー」と考えているのですが、ほかの子が待ちきれず、Kくんの意見はないものとして進んでしまいます。保護者は、「Kは何をやるのもグズで、だめな子です」と言い、家庭では、4歳年上のお兄ちゃんのテンポに合わせた生活になっているようです。

直美先生（保育経験2年）

言語聴覚士の立場から

Kくんのテンポに合わせた聞きかたをしよう

テンポは生来、人によって違います。それぞれちょうどいいテンポがありますから、Kくんのテンポは変わらないものととらえてください。家ではお兄ちゃんに押されぎみで、自分の意見を言う場が与えられていないのでしょう。さらに、保護者がマイナス評価をしていることで自信を喪失し、ますます意見が言えない状態になっているようです。「どうしたいのかはっきり言って」などという保育者のことばは、Kくんをさらに苦しいところへ追い込んでしまいます。はっきり言える子なら、保育者がそう聞く前から意思表示をしていると思います。

子どもたちとの話し合いのときには、保育者が間に入って、問題を整理するようにします。「Kくんは、絵をかきたいの？」「外であそびたいの？」と具体的な選択肢を作り、Kくんが「イエス、ノー」で答えられるようにしていくとよいでしょう。

（中川）

保育の現場から

一対一でゆっくり話す時間も大事に

Kくんは出遅れるけれど、物事をちゃんと考えているのではないかと思います。ほかの子が見ないところを見ていて、ユニークな考えを持っているのかもしれません。保育者もほかの子どもたちも、無意識のうちに「グズでだめな子」というレッテルをはっているのではないでしょうか。

話し合いのときも、「考え中の子は、後で先生に教えてね」と、ゆっくり考える時間を設けましょう。みんなの前で意見を言えない子のために、一対一で話を聞く時間もたいせつにしてほしいですね。話し合いの方法は「～までに考えておいてね」と時間を区切ったり、家で考えてきてもらったりしてもよいと思います。また、同じことを何度も聞くことになっても、時間をかけて結論を導き出しましょう。

保育者のテンポが速いと、先を急ぎたくなるあまり、焦ってカッとしがちです。特に行事に追われるときなどは時間に余裕を持って、先の見通しをつけるように心がけてください。（久保）

Case 5

4歳児　Rちゃん

子どもらしい話しかたができない

Rちゃんは、毎朝「先生、おはようございます」とあいさつをし、わたしからの問いには「○○です」と、しっかり答えることができます。ただ、この大人びたことば遣いが、ほかの子どもたちへの態度にも表れていて気になります。みんなで大騒ぎしてあそんでいると「うるさいわね。ばかみたい」「先生は大人なのに楽しいんですか？」などと冷めたことを言います。ことばは多いのに、友だちとコミュニケーションができず、いっしょにあそべません。

茜先生（保育経験2年）

アドバイザリースタッフの立場から

保育者の率直な気持ちを伝えよう

大人のようなことば遣いをし、受け答えもきちんとすることで、Rちゃんは自分の存在を親から認めてもらえると思っているのでしょう。「お母さんと同じ」という気持ちが、日ごろの口調や態度の模倣となって表れているのではないでしょうか。それを直ちに否定してはなりませんが、賞賛しすぎないこともまたたいせつです。今のままでは、Rちゃんの人間関係は、ぎこちないものとなってしまうでしょう。

Rちゃんだって、みんなが生き生きとあそんでいることが、ほんとうはうらやましいはずです。「ばかみたい」と相手を否定することで、自分の存在を主張しているのでしょう。茜先生はまず、「そう、ばかみたいに見えるんだ」とRちゃんを肯定しましょう。「大人なのに楽しいの？」と聞かれたら、「うん、楽しいよ。大人も楽しいときは楽しいんだよ」と、自分の気持ちを率直に伝えます。親の価値観にしばられているRちゃんは、別の価値観に出会うことが必要ですね。（野田）

保育の現場から

Rちゃんの好きなあそびを二人でしてみよう

Rちゃんは、あそびの楽しみかたを知らないのか、または両親がクールで、自分が楽しみたいという表現を抑えられているのかもしれません。保育者は、どんな口調でも気に留めず、「あ、うるさかったんだ。ごめんね」と、そのまま受け入れましょう。

Rちゃんが心を開くまでは、二人だけの時間が必要です。周りに友だちがいると心を閉ざしてしまうかもしれないので、外でひとりでいるときを選び、話しかけます。地面に絵をかきながら、おしゃべりしてみてもいいですね。「何が好きなの？」と話しかけ、「○○するのが好き」と話してくれたら、そのあそびをしてみましょう。ほかの子どもたちが「何をしているの？」と寄ってきたら、ようすを見ながら保育者が身を引き、自然に子どもどうしであそべるようにしていくといいですね。（山野）

Case 6

5歳児　Aくん

ことばが少なく無口

今日声を聞いたのは、出欠をとったときだけかな、と思う日があるくらい無口なAくん。話しかけても、わかったのかわからないのか……。保護者も無口な人で、Aくんに対してもほとんどことばを掛けていないようです。ひとりあそびを好み、友だちの中には入りませんが、興味はあるようです。ときどき、いたずらをして友だちの気を引くこともあります。

美咲先生（保育経験1年）

アドバイザリースタッフの立場から

ことばを発達させるのではなく、楽しませて

もしかしたらAくんは、「無口ってていけないことなの？」と、感じているかもしれません。「この先生は無口な子が好きではない」「この先生は無口を直そうと思っている」というように、子どもは保育者の気持ちを敏感に感じ取るものです。人間にとって自分の個性を否定されるのは、いちばんつらいものですから、まずはAくんの無口を個性と理解しましょう。

そしてAくんが興味を持ってやっていることを、保育者もいっしょに楽しみます。そうしながら、楽しい、おもしろい、うれしい、悲しい、悔しいなどの感情を表すことばを、保育者がたくさん話しかけていきましょう。そのうちにAくんからもことばが出てくるようになると思います。

（野田）

保育の現場から

時間をかけて話そう

Aくんは、人の話を理解するのに時間がかかるのかもしれません。保育経験が浅いうちは、大人に対するのと同じような口調で、子どもに話しかけてしまう傾向があります。無口な子どもには、じっくりかかわらないと気持ちが伝わってこないことが多いものです。Aくんには、十分に時間をかけて話し、理解しやすいようにする必要があるでしょう。

保育者に余裕がないときは、ほかのだれかに助けてもらったりして、Aくんと一対一で向き合う時間を作るようにしたいですね。

（山野）

ことばの理解に時間がかかる子

ことばの持つ意味を理解するのに、時間がかかる子どもがいます。例えば、全員に「みんな、○○を持ってきてね」と保育者が伝えると、ほとんどの子は、自分に向けて言われたと理解できますが、幼い子や発達の遅い子は、「みんな」という意味が理解できません。「○○ちゃん」と名まえを言って個別に話して初めてわかるのです。

ことばの発達が遅い子どもの保護者へは、「ことばは、人が話しているのを聞いて覚えるものです。子どもには、刺激としてたくさん話をしてください」と伝えましょう。

（野田）

ためしてみよう

インリアル法

「インリアル法」は、子どもの言語発達を促す望ましい言語環境と、周囲の大人の対応法で、アメリカで生まれたものです。ふだんの保育に取り入れてみてはどうでしょう。

（中川）

1 ミラリング

子どもの行動をそのまままねする

「何をしているの？」などと、子どもに聞いたりせず、ずっとそばについて、子どもの動きをいっしょにやってみます。子どもが、自分に関心を持ってくれていると思うことがおしゃべりのきっかけになります。

2 モニタリング

子どもの出す声や音を、そのまままねする

自分が発した音を言ってもらったことで、気持ちをわかろうとしてくれていると感じ、喜びを共有することができます。

3 パラレル・トーク

子どもの行動や気持ちを代わりにことばで表す

「はさみで切っているのね」「あっ、びっくりしたね」など、子どもの行動や気持ちを保育者が代弁することで、子どもは安心します。

4 セルフ・トーク

大人が自分の行動や気持ちを口に出す

「おいしかった」「手を洗おうかな」などと、保育者の心の中のことばや行動を、口に出して子どもに伝えます。

5 リフレクティング

子どものまちがいをさりげなく正しく言い直して返す

例えば子どもがカラスを見つけて「タァチュ」などと言ったとき、「ほんと、カラスだね」と、さりげなく子どもに正しい発音を聞かせます。

6 エクスパンション

ことばの意味や文を加えて返す

子どもの「あ、ワンワン」ということばに、「ワンワン、白いワンワンね」などとことばを少し加えて返します。

7 モデリング

子どもに会話のモデルを示す

例えば「まーちゃん、ぺん」と子どもが泣きながら、言える単語を並べて訴えてきたら、「まーちゃんが、ぺんしたのね」と、文章の構造をさりげなく教えます。

Column

わたしの失敗

しゃべらない子を追いつめてしまった

保育経験3年目ぐらいのときのことです。園でほとんどしゃべらない子に、次々と話しかけて質問攻めにしてしまいました。だんまりが長く続くので、そのうちにだんだんイライラしてきて、「先生も黙っちゃう!」「じゃあ、先生は帰る!」と、突き放してしまったのです。今思えば、子どもは話しかけたらしゃべるものと思い込んでいたのですね。でも、その子はますます黙って「貝」のようになってしまいました。

困ったわたしは、「園でこういうことがあったのですが、家で何かあったのでしょうか」と連絡帳に書いたところ、翌日、保護者が園にどなりこんできました。「あなたはプロでしょう? 家で何かあったのではなくて、保育園で何かあったから黙ってしまったんだ!」と。このときの光景は、今でも鮮明に心に残っています。それからずっと、あの子はどうしてしゃべらなかったのだろうかと、自問自答し続けました。「わたしがことばで攻めたててしまったから心を閉ざし、しゃべってくれなかったんだ」という自分なりの答えを得たのは、何年も後のことです。

(久保)

第11章

年度末に向けて心配が残る子

進級、卒園を間近に控え、
1年間を振り返りながら
ひとりひとりの顔を思い浮かべていると、
この子を十分に見て、触れ合えていただろうか、
と気になることがあります。
保育者としての反省は多々あるとしても、
残された時間にできるだけのことをして
送り出したいですね。

お答え

発達心理学の立場から◆大國ゆきの先生／東京成徳短期大学助教授
藤崎真知代先生／明治学院大学教授
渡辺康麿先生／立正大学教授・セルフ・カウンセリング学会主宰
保 育 の 現 場 か ら◆日高幸子先生／前・大田区立上池台保育園園長（東京都）
兵頭惠子先生／冨士見幼稚園主任（神奈川県）
青木久子先生／国立音楽大学附属幼稚園園長（東京都）・国立音楽大学教授

保育者にくっついて離れない

2歳児　Yちゃん

Yちゃんは、「おんぶ」「だっこ」と言って、わたしから離れようとしません。ほんとうはひとりでできるはずのことも、わたしが離れると「いやだ」「できない」と言ってやろうとしません。保護者はなんでも自分でやらせるようにしていて、Yちゃんとあまり向き合う時間もないようです。3歳児クラスになって保育者が減ることを考えると、少し突き放したほうがYちゃんのためにはよいのでしょうか。

萌香先生（保育経験3年）

発達心理学の立場から

次の担任の評価を気にしないで

萌香先生は心の中で、このままでYちゃんが進級して、次の担任に、「今まで何をやっていたのかしら」と思われたくないなどと、自分に対する評価を気にしていると いうことはありませんか？　もしそうだとしたら、自分だけでなんとかしようという考えはやめて、園全体でYちゃんのことを話し合い、優しく見守ってほしいですね。

保護者とYちゃんとのかかわりが気になりますが、親をどうにかしたいと思っても限界がありますから、今はYちゃんを突き放さず、一日、一日を大事に、精いっぱいかかわっていきましょう。

Yちゃんの中に安心感が蓄積されると、自然に、保育者と離れられない状態から卒業できるようになるはずです。それがいつかはわかりませんが、新年度まで続いたときは、状況をきちんと説明して次の担任にお任せします。園全体でかかわるようにすれば、引き継ぎもうまくできますね。（大國）

保育の現場から

いっしょに助けながら自立に向けよう

子どもとベタベタするのを好まない保護者が増えているせいでしょうか、保育者に保護者の代わりを求めていると思われる子が多くなっています。

保育者にできることは、Yちゃんを受け入れることしかありません。年度末だからといって突き放しても、いっそうだだをこねるだけでしょう。ぎりぎりまで受け入れて甘えさせ、次の担任に申し送りをすることです。進級するなど、環境が変化することで、子どもは簡単にふっきれることもあります。「もう少ししたら、お兄ちゃん、お姉ちゃんのお部屋になるんだよ」というように、進級することに喜びやあこがれを持たせることも有効でしょう。

（日高）

Case 2

3歳児　Nちゃん

なんでも言えるような関係を築けなかった

Nちゃんは、保育者の言うことをよく聞いて、言われたことをきちんとする子です。ほかの3歳児に比べて、ことばを掛けなくても、なんでもきちんとできてしまうので、いつのまにかかかわりが薄くなってしまいました。Nちゃんのほんとうの気持ちってどうだったのだろう、やりたくないときもきっとあっただろうな、と今になって思うのです。

安奈先生（保育経験3年）

発達心理学の立場から

Nちゃんのほんとうの気持ちに寄り添って

園での姿が、自分らしく過ごしている本来のNちゃんらしい姿なのか、それとも無理してがまんしているのか、ほんとうの気持ちを探りましょう。そのためには、Nちゃんが保育者や園のことを、保護者にどう伝えているのかを聞いてみるとよいと思います。

「先生があそんでくれない……」というようなことを言っていることがあったら、Nちゃんはきっと園で無理をしていたのでしょう。集団生活に適応し、楽しく活動しているように見えても、寂しい気持ちを、Nちゃんなりに抑えていたのかもしれません。

また、家でも「よい子」をしているとしたら、人に甘えられず、心が休まる場所がないということになります。どんなにしっかりしていても3歳児です。たとえ自分からは求めてこなくても、保育者はギュッと抱きしめるなど、Nちゃんが「自分は愛されているんだ」とわかるようなふれあいを持つことを最優先してほしいと思います。

（藤崎）

保育の現場から

触れ合って肩の力を抜かせてあげよう

Nちゃんはなんでも自分でできてしまうから、手伝ってもらわなくてもすんでいたようですね。でも、もしかすると、ほかの子を見ながら、「あんなふうにやってもらいたいな」と思っていたのではないでしょうか。わざとくすぐったり、おにごっこで触れ合ったりして、Nちゃんに肩の力を抜かせてあげるとよいですね。

また、Nちゃんは「○○ちゃんは先生に手伝ってもらっている」「△△くんは……ができない」などと、周りの子と自分を比べ、「わたしはそんなことしないもん」と「よい子」であることを自慢する傾向はありませんか。もしそうなら、「○○ちゃんはよく泣くけど、ブロックを積むのがとてもじょうずよ」というように、泣くことやできないことがあってもよいということを、保育者は伝えていきましょう。

（兵頭）

Case 3

3歳児　Tくん

身の回りのことを自分でやろうとしない

Tくんはひとりっ子で早生まれ。1年かけてようやく園になじんできましたが、年度末を迎えても、身の回りのことがほとんどできません。持ち物の始末、着替えなど、ほかの子が手伝ってくれるのに任せきりです。友だちとのあそびでも、女の子に引っ張られながら、あそんでいます。

年中に進級したら、今までのようにのんびりと待ってもらえないのにと思うと、気がかりです。

美鈴先生（保育経験3年）

発達心理学の立場から

このままで良いという見かたもあります

もし美鈴先生が、1年間の成果にこだわっているとしたら、それはほんとうの子どもの姿を見えにくくしている可能性があります。「依存心が強くて心配だ」という目で見ると、すべてが心配になりますね。

家庭ではひとりっ子ということで親の目が行き届き、保護者の手出し口出しを受けてきたのでしょう。そのうえ、早生まれということもあって、いっそう保護者が手をかけていたのかもしれません。そのためにTくんは、世話をされるのがあたりまえになっているのでしょう。

せかしたりしかったりすると不安が生じ、Tくんの自己評価が傷つき、自分でやろうとする意欲を失いかねません。保育者は「できなくてもいい」という対応で受け止め、なるべくTくんのそばにいるようにします。そしてTくんが何かを自分でしたら、「よくできたね」とほめてください。Tくんが自分で楽しくできそうなことを見つけていきましょう。

（渡辺）

保育の現場から

ほかの子と比べず、少しずつできることを増やして

早生まれのTくんは、4月生まれの子とは1年近く差がありますから、依存度がほかの子より高くても無理はありません。友だちが世話をしたがるのも、周りの子の愛他心（なんらかの関係の中で、思わず人に優しくしてあげたくなる気持ち）を誘うような部分が、Tくんにあるからかもしれませんね。

手伝ってしまう子どもたちとは別の集団にTくんを置き、環境を変えてみましょう。保育者は、Tくんと一対一で向き合って、なるべく自分でやるように導きます。できることは自分でさせて、「自分でできたね。うれしいね」と認めます。できないときは、やりかたを教えたり、補助したりしながら、できることを少しずつ増やしましょう。時間がかかりそうなときは、Tくんだけ早く始めさせてもよいですね。

子どもが飛躍するときは急激です。突然自覚して、なんでも自分でやる時期が必ずきます。ほかの子と比べないでそのときを待ちましょう。

（青木）

Case 4

4歳児　Jくん

返事はするが人の話を聞けない

Jくんは明るくて活発な子で、友だちともよくあそびますが、人の話を聞けません。きちんと姿勢を正して聞いているのですが、「今先生がなんて言ったか、言ってみて」と聞くと、まったく答えられないのです。製作活動でも手が動かず、どうしていいのかわからないようです。友だちのようすを見て、ようやく動き始めるといった感じですが、ちゃんと対応してこなかったわたしの責任でしょうか。

留末先生（保育経験1年）

発達心理学の立場から

Jくんの緊張の原因を見つけて

年度末に向けての保育者は、自責の念から、自分の不安を解消するために行動してしまうことがあります。そうなると、子どもの姿を正しくとらえることができなくなってしまいます。

最初から「Jくんは話を聞けない子」と決めつけないことです。Jくんが、姿勢を正して聞いているのは、緊張しているためかもしれません。その緊張が自信のなさによるものなのか、保育者の問いかける調子が厳しすぎるせいなのか、あるいは認めてほしいと思うあまりに、できることもできないでいるのか、その原因を考えてみましょう。そうすることでJくんの気持ちを深く理解するきっかけとなり、保育者の対応が変わってくると思います。

（渡辺）

保育の現場から

まねて動く学習能力を引き出そう

Jくんは、明るくて活発でよくあそべているのですから、必要だと思えば保育者の話を聞くこともできるはずです。保育者は、Jくんにわかるような話しかたをしていたかを、振り返ってみてください。ともすると保育者は、抽象的な話しかたになりがちです。Jくんのように、話を聞いているのに理解できていない子がいるのであれば、より具体的に話をするようにして、わかってもらう努力をする必要があります。例えば、「自分で洋服を着なさい」と言うより、「洋服を床に置いて、下を持って頭を入れるのよ」と言うほうが、はるかに具体的ですね。

Jくんは、友だちのようすを見て動き始めているので、学習のしかたは育っているはずです。Jくんのそばに、しっかりした子を座らせるなど、良いモデルを置くとよいでしょう。まねをするということは、自発学習能力なのです。

（青木）

「問題だ」と思う子がいたら、自分の保育を振り返って

子どもの問題の原因は、保育者自身にあるのかもしれないということも踏まえて、今までの保育を振り返りながら、手だてを変えてみましょう。

- なんのために活動をするか、子どもに明確に伝わっていますか？
- やってみたいと思う、動機づけがされていますか？
- 子どもが理解できる、具体的な説明をしていますか？
- 子どもが喜ぶように、保育の展開をくふうしていますか？

（青木）

Case 5

4歳児　Oくん

いつも友だちの言いなりになる子

Oくんはつねに活動的な友だちといっしょで、いつも楽しそうに仲よくあそんでいました。でも、今になって思い返してみると、自己主張をすることもなく、活発なSくんの言いなりになっていたようにも思えます。Sくんの陰に隠れてしまって、Oくんのことがよく見えていなかったかもしれません。Oくんに、もっと自己主張できる場面を作ってあげるべきだったのでしょうか。

美樹先生（保育経験3年）

発達心理学の立場から

自分の気持ちに気づかせ、自信を持たせて

Oくんは、自分がやりたいことや、何が得意で何が苦手なのか、どの友だちが好きなのかなど、自分自身をつかんでいないのでしょう。それがわからないから、仲間からはみ出ることができないのかもしれません。保育者は、今までの園生活でOくんがどんなときに喜び、どんなときに泣いたのかを思い返して、Oくん自身が自分のやりたいことに気づき、自信を持てるようにします。自信が付けば、反発するくらいの自己主張は出てきますよね。

また、Oくんと気が合いそうな子と、触れ合える機会を作ってみてはどうでしょうか。Sくんたちとはタイプの違う、ゆったりとした子どもたちの中で、Oくんの自己主張が自然に出てくる可能性もあります。

（藤崎）

保育の現場から

Oくんの気持ちを応援しよう

Oくんは、自分のやりたいあそびをしていないため、自己発揮できていないのではないでしょうか。活発なSくんたちとはうまくかかわれて、その中にいると楽だから、どうしても無意識にそちらへ行ってしまうのですね。

年度末でも間に合います。気が付いたらその時点で、Oくんの気持ちを応援してあげましょう。Oくんには「そういうことはお友だちに言っていいのよ」と、保育者が間に入って、主張したいことをいっしょに言ったりします。また、Oくんの良いところをみんなに伝えていきましょう。卒園式の代表や、年長さんにプレゼントを渡す係など、役割を作るチャンスはまだまだあります。

（兵頭）

学期ごとにひとりひとりを振り返ろう

学期ごとに子どもの姿を振り返る習慣を付けましょう。1学期に振り返れば2学期から、2学期に振り返れば3学期から、なんらかの形で、保育者が子どもに働きかけることができるはずです。

振り返るときは、記録の内容に即してもよいですし、主体的に活動に取り組んだか、友だちといっしょにあそべていたかなど、おおまかでもよいのです。ひとりひとりの子どもについて振り返ると、その時点で、思い浮かぶことの少ない子がわかります。そのことに気づくと、注意して目を向けるきっかけとなりますね。

（藤崎）

Case 6

5歳児　Aちゃん

嫌われているかと思うほど、保育者を求めない

Aちゃんは、みんなといっしょに活発に活動でき、特に目だった問題のない子です。しかし、Aちゃんから何かを聞かれたり、話しかけられたり、体で触れ合ったりということが、今までほとんどありませんでした。何か聞くと答えてはくれますが、会話が進みません。家ではよくおしゃべりをするとのことなので、恥ずかしいだけなのか、それともわたしのことが嫌いなのか、わかりません。

ちひろ先生（保育経験1年）

発達心理学の立場から

外では大人に打ち解けないところがあるのかも

Aちゃんは、ほかの保育者に対してはどうなのでしょうか。もし、ほかの保育者にも同じようならば、外では大人にあまり打ち解けず、警戒しがちなのかもしれません。幼いときから多くの大人に囲まれた環境にいて、大人の対応に一貫性がない場合、ケースのような態度が身に付いてしまう子がいます。混乱しないようにと、自分を守ろうとしているのでしょう。

保育者が、自分を求めてくれない、嫌われているのかもしれないと思うのは、保育者自身の情緒的な問題なのかもしれません。Aちゃんの中に自分自身が嫌っている同じような面を見つけてイライラするとか、過去にAちゃんの気持ちを傷つけてしまったとか……。いずれにしても、保育者とAちゃんとの信頼関係を見直してみましょう。

（藤崎）

保育の現場から

大人だと意識して緊張しているのでは？

友だちとあそべているのですから、対人関係での心配はありません。保育者のことを嫌いというよりも、大人と接するのがいやなだけかもしれませんね。もし、緊張しているようならば、少し距離をとりながら接するくふうをします。遠くから見守ったり、手紙を書いて渡したりしてはどうでしょう。また、Aちゃんが自分からは働きかけなくても、保育者からことばを掛けてもらうのは、きっとうれしいはずです。さりげなくことばを掛けるようにしてみましょう。

（兵頭）

子どもとうまが合わないと感じるときは？

保育者も人間ですから、うまが合わない子どもや保護者がいて当然です。だれかを見てイライラすることもあるのは、おそらく自分が持っている嫌いな性格を見せつけられることもあるからでしょう。いやな自分をどう克服するかは、たいせつにしたい問題です。

休日には、リフレッシュして自分を見直し、自分を好きになれるようにしたいですね。そして自分自身を取り繕わないこと。つまり、悲しい、うれしいなど、自分の意思や感情をすなおに子どもたちに表現していくことです。もしかすると感情をはっきり出したことで、子どもの気持ちを傷つけてしまうことがあるかもしれません。しかし、後で感じる、「かわいそうなことをしてしまった」という心の痛みは、保育者として成長するプロセスに必要なことなのです。

（藤崎）

Column

セルフ・カウンセリングで自分を見つめよう

「あの子は問題だ」と最初に思ってしまうと、なかなかその枠から外れることができません。自分がどのような思い込みで、子どもを見ているかに気づくには、自分自身を見つめ、理解する必要があります。セルフ・カウンセリングの手法で場面記述をすることにより、自分が見えてきます。

◎セルフ・カウンセリングとは

子どもに関する事実とそれに対する保育者の気持ちを、きちんと書き分けて場面記述する自己発見法。あるがままの自分を受け入れることができると、思い込みにとらわれることなく、他者を無条件で受け止めることができるようになります。

（渡辺）

子どもが、言ったこと、したこと（わたしが、見たこと、聞いたこと）	保育者が、思ったこと、言ったこと、したこと
真理ちゃんが、お友だちの作品（紙粘土）を落として壊した。 真理ちゃんは、あっと言った。 真理ちゃんは、こちらを見た。	
	わたしは「達也くんが、一生懸命作った作品なのに。 なんていうことをしてくれたの！ あしたの参観日には保護者が来て、子どもの作品を見るのに」と思った。
	わたしは、「『落ちると割れるから、ここであそばないでね』って言ったでしょ！」と言った。
真理ちゃんは「ワーン」と泣き出した。	
	わたしは「しまった、また怖い顔をして、しかってしまった。 真理ちゃんは、わざと落としたわけではないのに。 しかる前に子どもの話を聞こう、と思っていたのに」と思った。

第12章 生き物の生と死

おもちゃのように生き物を扱っている子どもたちに、
「死んでしまうよ」と注意し、
「どうしてそんなにひどいことをするのだろう」
と感じながら、一方で害虫を殺したり、
肉や魚を食べたりしているのがわたしたちの生活です。
この矛盾の中で、生き物の「生」と「死」を
子どもたちにどう伝えたらよいのでしょうか。

お答え

発達心理学の立場から◆波多野誼余夫《はたのぎよお》先生／前・慶應義塾大学教授
保 育 の 現 場 か ら◆天野優子先生／風の谷幼稚園園長（神奈川県）

Case 1

4歳児　Kちゃん

ボールで鳥を死なせてしまった

たまたま鳥小屋にボールがぶつかり、鳥たちがいっせいに暴れ出したことがあります。そのようすに興味を持ったKちゃんは、今度は自分でボールをぶつけておもしろがるようになりました。「びっくりして死んでしまうよ」と注意しても、不思議そうな顔をしています。その後、Kちゃんの投げたボールに驚いて落下した一羽が、ほんとうに死んでしまいました。Kちゃんは「やってない」と言うのですが……。

みどり先生（保育経験2年）

発達心理学の立場から

鳥の気持ちになって考えることを伝えて

Kちゃんは、単純に鳥のようすがおもしろかったのでしょう。あそび道具と同じ感覚だったのかもしれません。4歳では、鳥は生き物だと言われればわかりますが、つねに生き物として大事にできるわけではないのです。

このような場合は、自分が鳥の立場だったらどう思うかを、いっしょに考えるようにしましょう。「お昼寝をしているときに、大きな音がしたら、Kちゃんだってびっくりするよね。びっくりしたら何かにドーンとぶつかっちゃうかもしれないね」などと、驚かされたほうはどんな気持ちになるかを伝えます。Kちゃんの行動に対して注意は必要ですが、責めたりはしないことです。

（波多野）

保育の現場から

「死ぬ」とはどういうことかを伝えたい

Kちゃんが、鳥小屋にボールをぶつけるのをやめさせたいと思ったら、「Kちゃんだってボールをぶつけられたらいやじゃない？　やめようよ」と、保育者の気持ちを伝えればよいでしょう。それでもやめないときは、違うあそびに気が向くようにしてはどうでしょうか。

鳥が死んでしまったら、「どうして死んじゃったのかな？」と、Kちゃんに聞きますが、追及はしません。自分の不利になるようなことを子どもは言いませんし、犯人捜しは意味がないからです。プラスにとらえて、「死ぬ」という意味を知ってもらう機会にしましょう。死んだ鳥を子どもに触らせて、「固くなって、動かなくなったね。もう飛べないね」「かわいそうなことをしちゃったね」などと、子どもたちと共感します。お説教より、保育者の動物への優しい思いを伝えることをたいせつにしましょう。

（天野）

Case 2

3歳児　Mくん

虫を殺してごみ箱に捨ててしまった

園外保育で捕まえたバッタをクラスで飼うことにしました。そんな中、Mくんがバッタの足を抜いてしまい、「壊れたから捨てる」と言って、ごみ箱に捨てようとしたのです。Mくんにはいけないことだと伝え、保護者にもその話をしたところ、「子どもならみんなやりますよ」と言われ、ショックを受けました。その後も、カタツムリをつぶしたり、アリを水たまりに落としたりと、同様の行為は止まりません。

三和子先生（保育経験1年）

発達心理学の立場から

虫に親しみを持たせよう

経験の少ない3歳児では、虫を殺したからといって必ずしも残酷だとは言えません。それよりも、虫に対して親しみを持てるような経験をすることが必要です。親しみを持てば、足や手をむしるのはいけないことだと考えるようになります。

子どもは、虫の生き物らしい姿を見ていないことが多いのです。卵が生まれて大きくなるところや、えさを蓄えているようすなど、虫がどう暮らしているかを知らない場合、虫を生き物として理解できず、「物」として扱ってしまうこともあるでしょう。

（波多野）

保育の現場から

保育者の気持ちを伝え、禁止はしない

Mくんの行動は、異常なことではありません。人は、子ども時代にいろいろなことをして経験を増やすことで、生き物にも関心を持っていきます。バッタの足や頭をむしったら動くかな、などといった好奇心から、子どもが学んでいくことは多いのです。経験がないから、死んだバッタをごみ箱に捨てたりもしたのでしょう。保育者は、「痛いんじゃない？」「せっかく飼おうと思っていたのに……」などと、自分の気持ちは伝えますが、絶対的な禁止はしないようにします。

また、Mくんが自分で飼うような機会を作れば、愛着がわいて、扱いかたも変わってくると思います。

（天野）

Case 3

5歳児　Fくん

蚕を死なせてつらい思いをしている

クラスで蚕を飼って、みんなでかわいがっていました。そんな中、Fくんが「お散歩」をさせていた蚕が、ブロックから落ちて死んでしまったのです。みんなから「Fくんが悪い」と責められ、けんかになってしまいました。自分のせいで蚕を死なせてしまったと、Fくんはとてもつらい思いをしています。みんなでお墓を作りましたが、「しかたなかったんだよ」とも言えず、対応に困ってしまいました。

郁美先生（保育経験3年）

発達心理学の立場から

死を経験することもたいせつ

Ｆくんが蚕を死なせてしまったことで、危ない散歩はほどほどにしようと気づいたり、お墓に埋めたりと、子どもたちが死を経験できたのですから、郁美先生の対応はそれでよかったのではないでしょうか。

動物や植物を育てることは、それぞれが違った暮らしかたや生命の長さを持っている点などを理解することに意味があります。昆虫のような、比較的早く一生が完結する生き物を飼って観察するのは、良い教育になりますね。虫はたくさん生まれてたくさん死にます。そういう一生もある、と生き物を見せることもたいせつです。

（波多野）

保育の現場から

双方の気持ちをくんで話をしよう

犯人捜しは絶対にしたくはないけれど、目撃者がいてだれかが犯人になってしまったときは、保育者が救わなければなりません。「Ｆくんだって大事にしていたよね。Ｆくんも悲しいよね」とＦくんの気持ちをくみ、「みんなの気持ちもわかるけど、大事にしていて死んでしまったのだから、そんなに責めるのはやめようよ」と、ほかの子どもたちの気持ちも大事にしながら、わざとではなかったことを伝えます。

蚕を触っていて死んだことで、Ｆくんはたくさんのことを学んだはずです。生と死を感じ、悲しみやつらさを感じることは、ほかの子どもたちにとっても生きた体験になったのではないでしょうか。

（天野）

安易な「かわいそう」はやめよう

保育者は飼育している虫などが死ぬと、すぐに「かわいそう」と言ったりしますが、その場だけの安っぽいかわいそう感はやめたいものです。これは生き物をたいせつにする心とは違います。ほんとうに「かわいそう」という感情を持っているのなら、図鑑などで調べて飼いかたを勉強し、子どもたちに教えていくべきでしょう。

子どもにとって「死」は、むごいことでもなんでもなく、おもちゃが壊れたのと似たような感覚ですが、心が育っていないこととは違います。この先、子どもが生き物の「生」と「死」に出会って、そこで何を感じ、保育者がどう共感するかが大事なのです。

（天野）

Column

子どもの「生」と「死」の認識

▼子どもにとっての「生き物」

　子どもたちが生き物として認めるのは、ごはんを食べてだんだん大きくなる、人間に似た姿のものです。そして、生き物は、食べ物や水によって生き、成長し、元気が出ること、調子が悪くても自然に元気になる力があることなどを理解しています。一方で、「生き物」ではない「人工物」は、壊れたら人間が直さないと元どおりにはならない、ということもわかっています。

　ただし、年齢が低いほど、姿・形が人間に似ていないものについては、生き物としての認識が希薄になります。虫のように小さいものや、植物については、自分たちに似ていると思えないため、「生き物」として認めることは、少し難しいと思われます。

▼「子どもの文化」と行動

　子どもは昔から、アリを踏みつけたり、虫の足をちぎったりしていました。それは、「先生は、そんなことをするのはかわいそうだと思うよ」と言えばすむことで、野蛮だからいけない、大きくなったら問題児になる、というようなものではありません。

　やらないでほしいという保育者の気持ちは、成長し、さまざまなことを経験して身に付いた「大人の文化」から生まれたものです。大人は、「子どもの文化」に対して良い悪いを決めるのではなく、文化が違うことを理解し、妥協点を見つけることが大事です。そして、「大人の文化」では、鳥を驚かすのはよくないという認識の一方で、猟で鳥を撃つこともあるし、カラスやスズメを追い払ったりもするという矛盾があることを、話すのもよいと思います。

（波多野）

第13章
保護者支援とその対応

保護者と保育者の間の信頼感こそが、子どもの園生活を生き生きとしたものにしてくれるはず。
子どものために保育者は、どこまで、どのように保護者とかかわっていったらよいのか、そのつながりについて考えましょう。

お答え

発達心理学の立場から◆大日向雅美先生／恵泉女学園大学教授
岩立京子先生／東京学芸大学教授

保 育 の 現 場 か ら◆早崎淳子先生／ルンビニー幼稚園副園長（東京都）
柴田愛子先生／りんごの木代表（神奈川県）

はじめに

現代の保護者を支援するには？

変わってきた保護者たち

保護者どうしのトラブルや問題を抱えた保護者への支援など、保育者はその対応に苦慮しているようです。難しいケースも多いようですが、その影響が子どもに及ぶことは、避けなければいけません。

保護者対応が問題になる要因の一つには、保育者が対保護者教育をほとんど受けていないということがあります。そしてもう一つには、高学歴化、結婚・出産の高齢化に伴い、保育者より年上の保護者が多くなるなど、保護者自身が変わってきたことが挙げられるでしょう。そのため、相談や苦情、トラブルなどへの対応は、とても難しいものとなっていると思います。

保護者自身の変化については、日本が進めてきた教育のマイナス面の表れと言われています。戦後から現在に至るまで経済成長が最優先され、不合理で効率の悪いものに対して、温かい目で見守るというゆとりの姿勢を忘れてきました。そんな中で育った世代が親になったことで、子どもに対しても性急になり、効率や結果を求め、極端な例では虐待などの問題も生じています。

支援のためのネットワーク作りが必要

カナダ・リソースセンターで子育て支援にかかわっているパット・ファノンさんが来日した際、「Nobody is perfect.（＝初めからりっぱな親はいないのだから、むしろ保護者問題はあってあたりまえ。保護者の気になるところを責めるのではなく、良いところを見よう）」ということを提唱されていました。確かに、こちらの視点を変えることで違って見えてくることもあるでしょう。しかし、それだけでは解決しない部分も多く、これからは保健師、医師、研究者など、さまざまな立場で子どもにかかわる人を巻き込んだ、地域のネットワーク作りが必要なのだと思います。

ほんとうのコミュニケーションを図ろう

保護者対応は、まず、保育者が保護者のみかたになることから始まります。何かあったときには、保護者を責めるのではなく、「あきらめずにやりましょうね」と温かい気持ちで言えるようでありたいですね。

最近は、保護者への対応の極端なマニュアル化を進めている園も多くなっているようですが、人と人とのコミュニケーションは、マニュアルどおりにはいかないものです。それをしっかり認識し、自分の目で見、自分のことばで話してコミュニケーションを図ることが、保護者とのかかわりの基本ではないでしょうか。

（大日向）

Case 1

4歳児　Nくん

「子どもをたたくのは虐待？」と聞く保護者

すぐに暴力を振るう乱暴なNくん。保護者にNくんが友だちをぶったという話をすると、「どうして何回言ってもわからないの！」と激しくたたいてしかります。「お母さんがたたくのをやめない限り、Nくんも乱暴をやめられませんよ」と話すのですが、効果はありません。ただ、少しは気になるのか「これって虐待ですか？」と聞かれました。保護者とNくんに、どう対応したらよいのでしょうか。

ちさと先生（保育経験3年）

発達心理学の立場から

保護者支援は園が安全基地になること

保護者が「虐待ですか？」と聞くのは、とまどいがあるからでしょう。気持ちをじっくり聞くだけでも、信頼関係につながると思います。

体罰は良くないという話を個人的にすると、保護者を責めることになってしまいます。保護者会などで、一般論として、園長や主任に話してもらうとよいのではないでしょうか。

Nくんは、保護者の粗暴な行為の影響を受けている可能性があります。母子の信頼関係が揺らいで、保護者が子どもの安全基地となっていないのではないでしょうか。乱暴にならざるをえない状況なのだと思います。

保育者は、Nくんに「乱暴者」というレッテルをはるべきではありません。乱暴がなぜいけないのかを話し、乱暴しそうになったら、「やめようね。先生はしてほしくないな」と抱きしめます。周りの子どもたちには、Nくんの良いところやあそびたい気持ちを伝え、孤立しないように配慮しましょう。

また、子どもには認めてもらう経験が必要ですから、得意なことや興味のあることを見つけ、係の仕事やあそびを通して達成感が得られるようにしていきます。保育者がNくんを認めることで信頼関係が結ばれると、園がNくんの安全基地になれるのです。（岩立）

保育の現場から

ことばで伝える具体例を保護者に示そう

子どもが自分の感情を治めることができるのは、大人にたたかれたときではなく、自分自身で悪いことをしたと感じたときです。

Nくんは保護者に手を上げられ、痛みや恐怖は感じていると思います。しかし自分がなぜたたかれるのか、何がいけないのかが伝わっていないのでしょう。だから、何回でも乱暴を繰り返すのだと思います。

保育者は、保育の中での乱暴やトラブルに対して、自分自身のことばで、やってほしくない気持ちをNくんに伝えます。そしてNくんがわかってくれたら、その場面を具体的に保護者に伝えていきましょう。しんぼう強く、きちんとことばで伝えていくことが、保護者支援につながります。そして、家庭でも、Nくんにことばで伝えるように協力してもらうようにします。

（早崎）

Case 2

2歳児　Tくん

夫婦関係がうまくいかず不安定な保護者

おもちゃをばらまいたり、みんなのじゃまをしたり、Tくんは「乱暴者」という感じです。「みんなが困っているよ」と注意すると、いったんはやめるのですが、すぐに繰り返します。個人面談の際に、保護者にようすを話すと「家では手のかからない、いい子です」と、かわいがっているようでした。しかし、「夫の女性問題で夫婦不和が続いている」と、泣きながら話されました。わたしまで涙があふれて、何も言えませんでした。

由美先生（保育経験1年）

発達心理学の立場から

保護者に共感することがたいせつ

保護者は、夫婦関係を修復してほしいと思って話しているわけではありません。保護者のもらい泣きは、共感して話を聞けたということですから、保護者にとっては受け入れられたと思え、結果的によかったと思います。

Tくんには、「Tくんと楽しくあそびたいから、今度からやめようね」と伝え、抱きしめるなどして乱暴を未然に防ぐようにしましょう。すばやい対応が必要ですから、できるだけTくんのそばにいるようにします。また、みんなのじゃまをするのは、Tくんが手持ちぶさただからということもあります。保育者がいっしょになって、楽しめる活動をしてほしいですね。（岩立）

保育の現場から

保育者ひとりで抱え込まないで

保護者には、孤独感があるのかもしれません。園として、園長や主任など経験豊かな人が保護者とかかわれるようなシステムができるとよいですね。ただし、保護者としては、家庭の事情をみんなに知られるのは不本意です。アプローチは慎重にしてください。

2歳という年齢は、壊したりすることが楽しい時期です。Tくんの姿は、普通の2歳児の姿だと思いますが、保育者はTくんの中にストレス信号を感じているのでしょう。

Tくんは、自分の気持ちをことばにできないだけに、両親のぎくしゃくした雰囲気の中で不安が募り、園で荒れてしまうのかもしれません。保育者は、家庭でよい子にしなければならないTくんの状況を理解して、一対一での十分なスキンシップを図ってください。（早崎）

Case 3

3歳児　Yちゃん

懐かないので「かわいくない」と言う保護者

Yちゃんはしっかりしていて、手のかからない子です。保護者は年子のお兄ちゃんをとてもかわいがり、保育参観や園の行事などでは、上の子ばかり熱心に見て、Yちゃんのことは申しわけ程度にのぞくだけです。面談のとき、「Yはわたしに懐かないので、かわいく思えない。でもちゃんと育てているからいいんですよね」と言われ、答えに詰まってしまいました。

歩美先生（保育経験3年）

発達心理学の立場から

良いところを繰り返し伝えて

「かわいくない」という保護者の発言を、重く受け取らなくてもよいと思います。ほんとうは上の子同様かわいがりたいのに、それができない葛藤《かっとう》が保護者の中にあるのでしょう。ただ、経験の浅い保育者に「こうしては」と言われても、それを聞き入れることのできる保護者は少ないと思います。

わが子をほめられてうれしくない保護者はいませんね。保護者の気持ちを肯定も否定もせず、「Yちゃんかわいいですよ」と、保護者の温かいまなざしを伝えていきましょう。良いところを繰り返し伝えていくことで、保護者の子どもへの視点が変わり、良いところへの「気づき」のきっかけになると思います。また、子どもが甘えたり、わがままを言ったりする愛情表現の多面性も、具体的に伝えていくことも必要でしょう。

（岩立）

保育の現場から

保護者の知らない子ども像を伝えよう

保護者は、母子関係がしっくりいっていないことをわかったうえで、「育てているからいい」と自分自身に言い聞かせているのでしょう。心のキャパシティーがいっぱいになっているのかもしれません。保育者が話を聞いて、受け止めてあげたいですね。そして、しっかりしている面や、甘えん坊なところなど、保護者の気づかないYちゃん像を伝えていきます。また、園長や主任に「母子関係」や「きょうだい関係」をテーマに話してもらうのもよいのではないでしょうか。

まだ手のかかる子が多い年少クラスでは、Yちゃんのような子を見落としがちです。おそらくYちゃんは、家でも園でも寂しさを感じていると思います。保育者は、Yちゃんが中心になるようなあそびや、一対一のスキンシップを図って信頼関係を結びましょう。Yちゃんが自分を表出できるようにしてあげたいですね。

（早崎）

すべて保護者のせいにしないで

子どもに問題が生じたときに、保育者は無意識のうちに「保護者が悪いから」と考えがちです。しかし、問題は夫婦関係や子どもの気質的なことなど、さまざまな要因が絡み合って生じます。ある意味では、保護者も犠牲者であると言えないこともないのです。たとえ保護者であっても、「子どもをかわいく思えない状況もある」という視点を持つことも必要です。

（岩立）

Case 4

3歳児 Sくん
軽いけがでも園長に訴える保護者

転んだりぶつかったり、よく軽いけがをするSくん。おもちゃに足をとられて転んだとき、小さな擦り傷ができたので薬を付けると「もうだいじょうぶ」と、元気にあそんでいました。でもその日保護者から、「何回もけがをさせて、子どもをちゃんと見てるんですか！」と、直接園長に抗議の電話が入りました。どうしてその前に直接、担任のわたしに言ってくれないのか、Sくんの保護者が怖くなりました。

麻里絵先生（保育経験1年）

発達心理学の立場から

コミュニケーションをまめにとろう

苦情を園長に直接言うのは、会社の感覚でクレームは上司にと考えたのかもしれません。あるいは、担任に対する気がねや、子どもにいやな思いをさせたくないからという配慮があったのかもしれません。保育者は、「Sくんの保護者が怖くなりました」と被害者意識を持ったようですが、日ごろから、保護者とのコミュニケーションは図れていたのか、振り返ってみたいですね。

たとえ小さなけがでも、なぜけがをしたのか、どう処置したのかをこちらから報告しておけば、このような行き違いにはならなかったでしょう。会えないときは手紙や電話になってしまいますが、直接会って伝えるのが基本です。クレームに対処するためだけでなく、子どものようすを日ごろから伝えるなど、コミュニケーションが不足しないように心がけましょう。

（大日向）

保育の現場から

自分のミスを見つめてみよう

保護者の中には、ほんのかすり傷でも気にする人と、気にしない人とがいます。気にするとわかっていたのなら、「また転んでしまったのですが、泣かなくて偉かったんですよ」と、きちんと伝えるべきでしたね。

保護者が細かいことを言ってくる場合、自分の子どもをちゃんと見てもらっているのだろうかと、心配していることがよくあります。けがや事故に限らず、日ごろから「Sくん、いい子ですよ」というように、しっかり見ていることを伝えていきましょう。

保育者が「保護者が怖い」と言うのは、逃げになってしまいます。報告しなかったことはミスなのですから、苦情が入った時点で、すぐに謝ってほしいですね。相手が悪い、怖いと思う前に、自分の何が悪かったのかを振り返り、ミスを反省して今後に生かしましょう。

（柴田）

Case 5

4歳児 Mちゃん

親どうしの関係が子どもに影響

保護者の中に派閥のようなものがあり、自己主張が強く子ども自慢の多いMちゃんの保護者が、何かのきっかけで仲間外れにされたようです。バスの送迎でも、ひとり離れたところに立っています。ほかの保護者たちは固まってコソコソと話し、雰囲気が良くありません。初めは保護者どうしの問題だと思っていましたが、そのうち「Mちゃんはうちに来ちゃだめ」というように、子どもの間でも影響が出てきました。

加奈先生（保育経験3年）

発達心理学の立場から

保護者には介入せず、子どもには仲介を

保護者が間に入ることで悪化することもありますから、保護者間の問題にはあまり介入しないほうがよいと思います。解決は大人である本人がするのが望ましいでしょう。保育者がその保護者の相手をして受け入れることをしてもよいと思いますが、話を聞くにとどめるのが無難ではないでしょうか。

場合によっては、園長や主任にお願いして、話をしてもらってもよいかもしれません。例えば、「保護者の問題に介入するべきではないと思っていましたが、子どもの中にも影響が出てきています。保育上望ましくないのですが、どうお考えですか？」「いじめの芽になるかもしれません」などと、率直に話してもらいます。Mちゃんを仲間外れにさせないようにするのは、保育者の役目です。

（大日向）

保育の現場から

寄り添って話を聞こう

だれでも、仲間外れにされるのはいやなものです。「最近、元気がないようですが……」と、Mちゃんの保護者に聞いてもよいでしょう。ただ寄り添って話を聞くだけでも保護者にゆとりができて、客観的に判断や反省ができるようになるかもしれません。仲間外れが長期にわたり、Mちゃんの保護者がそれに耐えられないようなら、バス乗り場を変えるなどの提案をしてもよいでしょう。

子どもは、4歳くらいになると人と人との違いがわかるようになり、仲間外れが出てきます。しかし、おおぜいがひとりをいじめたり、仲間外れにしたり、人間として許しがたいときは、「人には違いがある。でも差別はいけない」ということを、子どもときちんと向き合って話し合いたいですね。これは、子どもが生きていくうえでの価値観につながりますから、見過ごすことはできません。

（柴田）

仲間外れへの対応

子どもたちの中にひとり強い子がいて、だれかを仲間外れにしていたら、どうしてそうするのか聞きましょう。そして仲間外れにされた子にも、どうしてされたと思うか聞き、わからないようなら具体的に原因を伝えます。仲間外れにされた原因を知ることで、子どもは自分を振り返ることができるようになるのです。そして最後に、「先生は大好きだよ」と、フォローはしっかりします。

（柴田）

Case 6

5歳児　Aくん

子どもに無関心な保護者

お迎えのとき、保護者どうしでおしゃべりに夢中になるのは、決まってAくんの保護者です。それなのに、保護者会などはほとんど欠席です。Aくんは友だちの物を平気で取ったり、気に入らないとぶったり、乱暴な行為も目につきます。また、忘れ物も多く、園からの手紙がそのままかばんに残っていることもあります。もう少し子どもに関心を持ってほしいのですが、どうしたらよいのでしょう。

幸恵先生（保育経験2年）

発達心理学の立場から

保護者の問題と子どもの問題は別に考えよう

保護者に問題があることを、直ちに子どもの問題と結びつけているようですが、それは切り離して考えましょう。Aくんの行為について正していくことは、保育の専門性だと思います。仲よくあそべるように導くのか、ある程度はしかたがないと見るのか、保育方針をしっかりさせて対応します。

保護者の中には、子どもに無関心な人もいるでしょう。それをだめな保護者と見るのではなく、関心を持ってもらえるように、保育者から働きかけてみるとよいと思います。「かばんの中に手紙が残っていましたよ」と直接伝えるべきで、あれこれ言っても問題の解決にはなりません。保護者会の欠席が多いなら、「保護者会がありますから、いらっしゃいませんか」と事前に口頭で伝え、欠席の場合は後で内容を伝えるなど、関心が持てるようなくふうをすることが大事です。（大日向）

保育の現場から

子どもの楽しさを伝えていこう

Aくんの乱暴な行為は「ぼくを見て」という心の表れです。行為に対してはいけないということを伝えなければいけませんが、一方で保育者がちゃんとAくんを見ていることをことばや態度で伝えていきましょう。

保護者が子どもに関心を示さないのは、子どもの楽しさを知らないためだと思います。「子どもっておもしろい」ということを、顔を見て具体的に伝えていくことは、若い保育者にもできることですよね。そうしていくうちに、保護者と親しくなれば、忘れた手紙のことも「御覧になりましたか？」と直接言えますね。それができない場合は、「お母さんが忘れているときは、Aくんが渡してあげてね」と、子どもに協力してもらうとよいでしょう。保護者を責めることは簡単ですが、そこからは何も生まれてこないのです。（柴田）

Case 7

3歳児　Kちゃん

おしゅうとめさんに圧倒されている保護者

同居の祖父母、曾《そう》祖母に、とても大事にされているKちゃん。送迎、弁当、行事、すべてにおばあちゃんが口を出してかかわってくるので、母親の出番がほとんどない状態です。気にはなっていたのですが、そんな折、Kちゃんのお母さんから、メールで家庭の問題を相談されました。家庭の問題には干渉しないようにと先輩から言われており、困っています。

恵子先生（保育経験2年）

発達心理学の立場から

メールは危険！ 相談は対面を基本に

パソコンが普及し、メールでのやり取りが一般的になってきました。しかし、メールには、「共感的なことが伝わりにくい」「ことばじりでのトラブルや誤解が生じやすい」「誤送信されることがあり、プライバシーが保てない」「際限なくメールが入る可能性がある」など、問題点が数多くあります。メールでは、複雑な話題を避けるようにし、「たいへんですね」と共感を示しつつ、「対面してお話を聞いたほうがよいと思います」と答えたほうがよいでしょう。

個人アドレスを保護者に教えるなど、友だちの感覚と同じにしないことです。もちろん、家庭の問題には干渉できませんから、保護者の相談は問題をよく検討し、慎重に受けたほうがよいですね。

（岩立）

保育の現場から

役員として園に出向いてもらおう

家庭内のプライベートな問題には、安直には口を挟むべきではありません。保護者の思いを受け止めることしかできないと思います。

Kちゃんの保護者には、園の役員を引き受けてもらうなどして、ほかの保護者との交流を深めてもらうような働きかけをしてみましょう。

役員になると保育者と話す機会も増えて、園のようすもよくわかるようになります。また「園の仕事ですから」と言って家を出られますね。そうして、保育者やほかの保護者とかかわっているうちに、保護者も母親としての自信が付いてくると思います。

（早崎）

Column

保護者とのコミュニケーションのありかた

▼保護者支援とは聞き手になること

相談に来る保護者の多くは、問題を解決してほしいというよりも、話を聞いて自分の状況をわかってもらいたいのです。ですから、相談を受けた保育者が「解決できない」「わたしはだめな保育者だ」などと、自分を責めることはありません。たいせつなのは、保護者の気持ちを受け止めて、耳を傾けることです。話を聞いてほしいという気持ちに寄り添うだけでも、保護者は自分を振り返ることができます。そして、見かたを変えたり、発想を転換したりして、問題解決の糸口をつかめることもあるのです。聞き手になることなら、経験の浅い若い保育者にもできますね。

（岩立）

▼相手の気持ちを察する勘を身に付けたい

保育者は、日ごろから何げないおしゃべりをして、保護者が声を掛けやすい存在でありたいですね。ただし、「髪、切ったんですね」と言われて喜ぶ保護者がいる一方で、「そういうことはあなたに言われたくない」と思う保護者もいます。いろいろなタイプの保護者がいるのですから、話題や接しかたに気を配りながら、いろいろ試してみることです。コミュニケーションの基本は保護者の「心に添う」ことです。表情でうそをつける人はあまりいませんから、話しかけたときの相手の表情を観察し、「相手の気持ちを察する」勘を身に付けましょう。

経験の浅いうちは、みんながいい人になりたい、いい保育者になりたいという気持ちが強すぎるように思います。いい人になりたいと焦ると、どうしても表面を飾ってしまい、その壁はどんどん厚くなっていきます。ほんとうの理解や信頼関係は、厚い壁の前にはできません。いい保育者になることは、先の目標にして、まずは自分の人柄のままでやってみましょう。

（柴田）

第14章
発達が気になるとき
障がいへの理解を深めよう

最近、多動性がある、
人間関係を築くのが苦手と
いった子どもが増えていると言われています。
同時に、ＡＤ／ＨＤや高機能自閉症、
アスペルガー症候群なども
認知されるようになってきました。
保育者として、子どもたちにどんなサポートが
できるかを考えてみましょう。

お答え

児童精神科医の立場から◆上林靖子先生／中央大学教授
保育の現場から◆影山竜子先生（主任）　鎌田なおみ先生（リソースルーム担当）／わかくさ保育園（東京都）
支援団体の立場から◆高山恵子先生／NPO法人えじそんくらぶ代表
取材協力◆萬歳芙美子先生／小児療育相談センター・精神科ソーシャルワーカー（神奈川県）

はじめに

「発達が気になる子」をどうとらえる？

多動や集中力がないのは、すべて障がいが原因？

幼児期の子どもは、もともと多動だったり、集中力が持続しなかったりという傾向があります。それらの行動をとる子どもたちが、必ず障がいを持っているわけではありません。例えば、食事や睡眠などの生活習慣が乱れていたり、虐待を受けていたりする子どもにもよく似た行動が見られることがあるからです。子どもの行動をすぐに障がいに結び付けて考えるのは、避けたいですね。

また、障がいがあるかどうかの見極めは、専門家でも難しいものです。障がいの可能性があると感じられたときにも、軽はずみに障がい名を口に出さないようにしたいものです。

（高山）

保育者としての心構えは？

保育者にとっていちばん必要なのは、子どもが障がいを持っていても、持っていなくても、ひとりひとりをたいせつにし、その子の必要に応じた支援をすることだと思います。

みんないっしょにとか、うまくできることばかりを目標にするのではなく、どんなことにも苦手意識を持たずにチャレンジしようという気持ちや、その子なりに自信を持って前

向きに生きる力を持てるような支援を心がけることです。そのためにも、専門知識を身に付ける努力は必要だと思います。世の中にはいろいろな人がいて、みんな違っているのがあたりまえです。個人差を問題視するのではなく、違いを受け入れ、ひとりひとりに応じた対応をくふうしましょう。

（わかくさ保育園）

障がいは、サポートによって、壁をなくすことができる

障がいは、生まれながらの気質的なものが原因であることが多いのですが、環境を整えたり、周りの人がサポートしたりすることによって、その人が生活するのに困らないようにすることが可能です。

ＷＨＯ（世界保健機関）では、「すべての人間がなんらかの障がいを持つ可能性があることを前提としたうえで、日常的な生活や社会参加は、健康状態と背景因子（環境因子、個人因子）との間の、相互作用あるいは複合的関係から成り立つ」としています。そして、問題解決については、これまでのように障がいを単に個人の問題とするのではなく、「その人が参加する社会によっても生み出される」可能性があるものとし、環境因子の考慮に重点が置かれているのです。

また、障がいがある子については、「障がい児」というとらえかたをすると、その子のほかの良い部分（例えば、活動的である、得意なことには集中力を発揮するなど）が見えなくなってしまいます。まず子どもがいて、たまたまＡＤ／ＨＤやＬＤを持っているととらえるのが望ましいと思います。ちょっと変わった行動をとっても、個性的な子として周囲が受け入れられるような環境を作ることを目ざしていきたいですね。

（高山）

知っておきたいキーワード

発達障がいに関する基本知識を知っておきましょう。ただし、発達が気になるとき、すべてを障がいのためととらえてしまわないように十分な注意が必要です。

軽度発達障がいとは？

AD／HD（注意欠陥多動性障がい）や高機能自閉症、アスペルガー症候群、LDなどをまとめて軽度発達障がいと呼びます。これらの障がいがあると、知的な能力は高くても、集団生活になじみにくい、日常生活で人間関係をうまく築けない、必要な知識を習得できないなどの不つごうが生じることがあります。

これらの障がいは、保護者のしつけや、保育者、教師の指導などの社会的な要因が引き起こすものではなく、先天的なものです。

また、ほかの障がいを併存することが多いので注意しなくてはなりません。特に幼児期での診断は難しく、成長するに従って表れかたが変わるので、診断が変わることもあります。

●AD／HD

（注意欠陥多動性障がい／Attention Deficit Hyperactivity Disorderの略）

注意力に欠け、衝動性、多動性を特徴とする。年齢に見合うような行動のコントロールができない。

原因は解明されていないが、有力な説としては脳の前頭葉の働きが弱く、脳内物質のドーパミンが、うまく働いていないのではないかと言われている。

AD／HDは、大きく次の三タイプに分かれる。

1 不注意優勢型
2 多動衝動性優勢型
3 それらが混在している混在型

行動としては、「じっとしていられない」「指示に従えない」「おしゃべりで人の話を聞かない」「うわのそらでぼーっとしている」「忘れ物が多い」「順番が待てない」「考えずに行動する」などがある。

・診断は、児童精神科・小児神経科の医師による。
・学童期の出現率は3～7％。

●広《こう》汎《はん》性発達障がい (Pervasive Developmental Disorder)

自閉症と同質の、社会性を中心とする発達障がいの総称。中枢神経系になんらかの問題があるとされている。自閉症、高機能自閉症、アスペルガー症候群などは、この中に含まれる。

自閉症には、

1 社会性の障がい
2 コミュニケーションの障がい
3 想像力の障がい

の三つの特徴がある。

行動としては、「人や物と変わったかかわりかたを示す」「人とうまくコミュニケーションがとれない」「興味や関心が非常に偏っており、こだわりが強い」「パターンへのこだわりが強く、いつもと違う状況に置かれると、パニックを起こす」などがある。

・診断は、児童精神科・小児神経科の医師による。
・学童期の出現率は0.9％。

◇高機能自閉症
自閉症の特徴はあるが、知的障がいを伴わない。

◇アスペルガー症候群
知的障がいを伴わず、ことばは達者であるが、やはり他者とのコミュニケーションを図るのに困難がある。

●LD (学習障がい／Learning Disabilities)

読字、計算などの学習障がいおよびこれに類する学習上の困難を有する状態で、中枢神経系になんらかの機能障がいがあると考えられる。環境的な要因が直接の原因となるものは、LDとは診断されない。AD／HDや、広汎性発達障がいと合併して起こることが多く、乳幼児の段階では、明らかになりにくい。

・診断は、児童精神科・小児神経科の医師のほか、学校心理士や臨床心理士も行うことがある。
・学童期の、読み書きに関する出現率は6％。

障がいがなくても、発達が遅れることも

子どもの気になる行動は、必ずしも障がいが原因であるとは限りません。食事や睡眠など、生活習慣が乱れているほか、子ども自身が心理的に落ち着けない状況にあると、子どもは、障がいを持っている子に近い行動をとることがあるからです。特に、虐待を受けている子は、その傾向が強く表れることがあります。

Case 1

5歳児　Tくん

電気をパチパチつけたり消したり

Tくんは、保育室の電気をしきりにつけたり消したりします。気がすむまでやらせてあげたほうがいいのかなとも思うのですが、周りの子どもたちも、つられて落ち着かなくなるので、このまま放っておいてよいものか、気になっています。また、自分に関心を持ってほしいのか、あるいは自閉的な「こだわり」の行動なのかも、判断がつきません。

結花先生（保育経験2年）

児童精神科の立場から

子どもの行動を三つに分けてとらえよう

まずは、子どもの行動を「してほしい行動」「してほしくない行動」「許しがたい行動」の三つに分けましょう。「許しがたい行動（人や物を傷つけるなど）」は、すぐに止めるようにし、「してほしくない行動」であれば、とがめたりしかったりせず、注目しないようにします。

そして、その行動をやめて保育者に近づいてきたら、「電気をつけてくれたのね」と、「してほしい行動」に注目し、ことばに表すようにします。

子どもは注目されるのが好きなので、これを続けることで「してほしい行動」が増えていきます。「してほしくない行動を止めよう」とするよりも、してほしい行動を増やそうと考えることで、保育者自身のストレスも軽くなり、子どもを肯定的にとらえることができるようになります。

（上林）

保育の現場から

保育者は責める気持ちを持たないで

大人が過敏になると、周りの子どもも騒ぎ始めるので注目しないようにします。注目行動は、注目しないでいると治まることが多いのです。

子どもがしてほしくない行動をとっているときには、まず「○○したいの？」と聞きます。どんな子でも、初めから禁止や否定をされると、反発を感じるからです。その後で「今はやめてね」と言うと、それだけで治まることもあります。治まらない場合は、場所を移してやってもよいでしょう。

年長になると理解力が増します。「みんなが騒ぐとよけいにやりたくなるから、静かにしていてね」とほかの子どもたちに説明し、協力してもらいます。

保育者にTくんを責める気持ちがあると、それが子どもに伝わり、子ども間のいじめにつながることもあるので注意が必要です。

（わかくさ保育園）

ペアレントトレーニングとは

アメリカで生まれた、子育てのための親向けのトレーニングで、子どもを肯定的にとらえることができるようになります。プログラムはセッション形式で行われます。（上林）

①子どもの行動を「してほしくない行動」「してほしい行動」「許しがたい行動」の三つに分け、「してほしい行動」をリストアップする。
②リストを見せ合う。
③見せ合うたびに、リストが長くなっていき、子どもをほめる回数が増えていく。

Case 2

3歳児　Sくん

人が集まると、興奮して乱暴に

自閉的傾向はあるけれど、ことばはしっかり出ているSくん。ひとりであそんでいるときは落ち着いているのですが、一定以上の人数が集まってしまうと、興奮して走り回ったり、自分よりも弱い子や年下の子を見つけて、たたいたり、突き倒したりしてしまいます。
また、ターゲットの子ができると、ずっとその子を攻撃したりします。この攻撃をなんとか治める方法はあるのでしょうか。

倫子先生（保育経験3年）

児童精神科の立場から

Sくんの乱暴の意味を考えよう

自閉的傾向のある子の中には、にぎやかなところが好きで、はしゃいでしまう子がいます。Sくんの場合、ほかの人にとても関心があるけれど、かかわりかたがわからず、つい手が出てしまうのかもしれません。

手が出そうになったらすぐ止めるべきですが、それ以外の場面でもしっかり見ていて、だれに対して何をしたいのかを見極めることが必要ですね。

もしかしたら、Sくんは、自分がしているとおりに、小さい子ができないのが気になるのかもしれません。教えてあげているつもりが、乱暴な行動になっているとしたら、「ことばで言えばいいのよ」と、保育者がそれを実際にやってみせ、小さい子とのかかわりかたを伝える必要がありますね。

また、乱暴な行動があまりにも続く場合は、医学的な処方が効果をあげることもあるので、診療を受けることも考えたほうがよいでしょう。

（上林）

保育の現場から

環境を変えられるようなくふうを

Sくんの行動の原因が、人がたくさん集まっていることにあるのなら、興奮を治めるために、環境を変えてみるという方法があります。

いつも集団で過ごすのが難しい場合は、別の場所にいったん身を置くことで落ち着くことができます。少ない人数からスタートし、少しずつ集団に慣れていくようにしてみてはどうでしょうか。そうすることで、乱暴な行動を周りの子が見続けることがなくなり、Sくんの印象が悪くなることも防げると思います。

わたしたちの園では、「リソースルーム」（219ページ参照）という、障がいを持つ子が自分のペースで過ごすためのスペースを用意しています。そこでは、集団の中では身に付けることが難しい生活技術を向上させる手助けをしています。

（わかくさ保育園）

Case 3

3歳児　Kくん

いすにじっと座っていられない

2歳のころから偏食がひどくて、ごはんをちょっとしか食べられなかったKくん。3歳になったので、みんなといっしょに食事をすることもたいせつだと思っているのですが、いすにじっと座っていることができません。食べないことも心配だし、じっとしていられないというのも、必要な生活習慣が身に付かないのではないかと心配になります。

みゆき先生（保育経験3年）

児童精神科の立場から

食事の時間が嫌いにならないように

　発達障がいを持っている子の中には、感覚が過敏な子がいます。普通の食感が、その子にとっては気持ち悪く感じられたりするのです。

　もしそうだとしたら、栄養的に問題がない限りは、「一口食べたらよしとする」というようにしてもよいのではないでしょうか。また、よく見ていると、同じ食材でも、調理の方法が変わると食べられる場合もあるので、調理法をくふうしてみるのもよいですね。

　生活習慣についての心配もあるかもしれませんが、友だちといっしょに食事をする場に参加するだけでも、視覚的に生活習慣を学ぶ機会になっていると思います。何よりも、食事がいちばん嫌いな時間にならないようにしたいですね。

（上林）

保育の現場から

まずは目標をしぼって

　保育者は、食べさせないといけないと思ってしまうものですが、栄養的な問題がなければ、無理に食べさせなくてもよいと思います。

　一度にいろいろなことができるようになるのは難しいので、最初は目標をしぼりましょう。

　席に座ることを目標に置くとしたら、「ごちそうさまを言いにきてね」と言って、とりあえず着席を促してみてはどうでしょう。そして、あとは自由に過ごしてもよいということにします。時間はかかると思いますが、座りさえすれば食べ物が目に入るので、メニューによっては食べる気が起こることもあるかもしれません。

　また、大人から「〇〇をさせられている」という感覚が子どもの中にあると、いやになることもあるので、無理に食べさせようと思わないことがたいせつです。食事の用意も、食べられる分だけ自分でよそうというようにしてもよいと思います。最初は、多くよそってしまうこともあるかもしれませんが、それも練習のうちととらえましょう。

（わかくさ保育園）

Case 4

4歳児　Nくん

話しかけるとうるさがられる

AD／HDと自閉症の傾向のあるNくん。気に入った人の話はよく聞くのですが、わがままで乱暴な印象があって、ちょっと苦手です。好きな電車の本を見ていると落ち着いているようなのですが、無理に話しかけると、うるさがられているようで、話しかけるタイミングがつかめません。信頼関係がうまく築けるかどうか心配です。

美沙子先生（保育経験3年）

児童精神科の立場から

その子の「世界」を崩さないように

自閉症の傾向が強い子は、話しかけてくる周りの人を、自分に対する侵入者だととらえることがあります。保育者が、どこまでNくんの考えかたを理解し、それに近づけるかということが重要になってくるでしょう。

初めから保育者が自分の要求を通そうとすると、侵入者になってしまいます。かといって、何もしないでいると、幼児期に身に付けておきたい生活習慣などがおざなりになってしまいます。

最初は、さりげなく同じ場所に座ってみたりして、Nくんのあそびの世界を壊さないようなことばを掛け、かかわるようにします。子どもとの信頼関係は急に築けるものではありません。気長に続けてみましょう。（上林）

保育の現場から

その子の感覚に寄り添おう

最初から、Nくんに保育者の立場や気持ちをわかってもらおうとするのは、難しいと思います。

まずは、Nくんの感覚や、どんな考えかたをしているかをつかむことから始めてはどうでしょうか。好きな物は何か、どんなことをすると楽しいと感じるのか、といったことを知るのが、その第一歩です。

そして、Nくんが落ち着けるような環境を作ります。同じ物に興味を持っている人には関心を示すようですから、保育者は電車の本をいっしょに見るなどして、共感しましょう。

Nくんの保護者が、ふだんどのように接しているのかを聞いて、保育の参考にしてみてもよいですね。

（わかくさ保育園）

周りの子どもたちには、障がいについて説明したほうがいい？

子どもには、特に障がい名を出して説明する必要はないように思います。

ただ、話しておいたほうがよいと感じられる場合は、周りの子に「かけっこをするのが苦手な子もいるし、絵が苦手な子もいるように、じっとしているのが苦手な子もいるのよ」と、話をしていけばよいのではないでしょうか。いずれにしても、説明するかしないかを保護者とよく話し合うことがたいせつです。（高山）

Case 5

5歳児　Gくん

発表会の練習中にパニックに

Gくんは、いつもと違う保育内容になると、パニックを起こしてしまいます。この間は、発表会の練習の最中にパニックを起こし、ひっくり返って泣いてしまいました。みんなと同じことをするのが難しいGくんのことを、ほかの子にどう説明したらよいのでしょうか。

杏子先生（保育経験3年）

児童精神科の立場から

パニックの原因を考えて

Gくんは、行事の練習があることを知らず、一日の予測が崩れてしまったことでパニックを起こしたのかもしれません。もしそうであれば、朝の早いうちや前日に、予定を伝えておいたり、家庭と連携をとったりして、「今日は発表会の練習をする」という心づもりができるようにしましょう。

練習の途中でパニックが起こった場合は、自分がそれをできないことや、「もう少しゆっくりやればできるのに」というらいだちが原因ということもあります。そのときは、時間をゆったりとるなどのくふうをしてください。

行事の練習は、少しずつ慣れて流れがつかめるようになると、だんだんスムーズになるでしょう。

（上林）

保育の現場から

見通しを立てられるくふうを

Gくんのパニックが、日課が崩れたことから起こったのだとしたら、日課の見通しをつけやすいくふうをしましょう（218ページ参照）。

また、周りの子もショックを受けているようなら、配慮したいですね。「みんなは、お話しすればよくわかるし、お散歩したくてもがまんできるでしょう？　でも、Gくんは、みんなのようにがまんができなくて、たくさん泣いたり、物を投げたりしてしまうの。それでも練習しようとがんばっているの。だから、ちょっとみんなのじゃまをしてしまうこともあるけれど、仲間に入れてくれるかな」と聞くと、子どもたちはたいがい「いいよ」と言ってくれます。ここで、障がい名を出す必要はありません。ただ、Gくんの心を代弁すればよいのです。

また、発表会は、目標をどこに置くかによって、参加への可能性は変わります。みんなで同じことを同じレベルでやろうとすると難しいですが、ひとりひとりの子どもの力に合った役割を用意するなどのくふうをしてはどうでしょうか。

（わかくさ保育園）

自閉症の子のパニックはなぜ起こるの？

自閉症の子は、人の立場や気持ちをくむということが苦手で、型にはまった行動をよくとります。その「型」どおりに物事が進まなかったときや予測が裏切られたときなど、じだんだを踏んだり、大泣きをしたりというパニックにつながるのです。その子が見ている世界のとらえかたを理解すれば、パニックは減ると思います。

（上林）

対応のポイント

発達障がいを持つ子や、その傾向がある子は、社会的なスキルを身に付けるのが難しいことがあります。ここでは、わかくさ保育園の環境作りと対応のポイントを紹介します。いずれの方法も、それを試したからよいというのではなく、ひとりひとりの状態をしっかり見ながら取り入れていってほしいと思います。

一対一で、ていねいに、わかりやすく、見通しを持って

多動性がある子は、見通しを持って行動するのが苦手なことが多く、自分で計画を立てるのも難しいようです。

多くの子どもは経験を重ねていくことによって、「次はこれだな」ということが、ある程度わかってくるのですが、多動性がある子は、三つ先まで言うと一つ目で止まってしまいます。「洋服を着替えて、手を洗って、いすに座って待っててね」と続けざまに言われると、もうわからなくなってしまうのです。

ですから、「洋服を着替えてね」「手を洗ってね」と、そのつど伝えていく必要があります。また、メッセージは、特にその子個人に向けて、伝えるようにしましょう。

ふだんの保育でもやっていることを、一対一で、よりていねいに、よりわかりやすく、より見通しを持って行うようにしましょう。

●日課をわかりやすく

耳からの情報を処理するのが苦手な子に対しては、カードや写真を見せるとよいでしょう。場所や行動についても、ことばだけで説明するよりも、視覚的に示すほうがわかりやすいようです。

例えば「ホールに行くよ」というときには、ホールの絵や写真を見せて、見通しを立てやすくします。

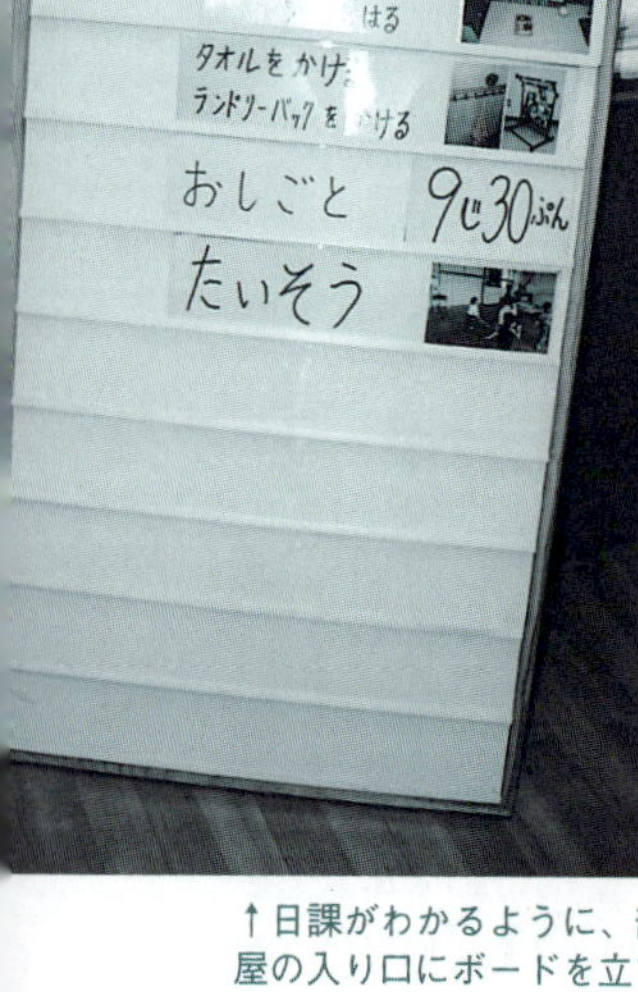

↑日課がわかるように、部屋の入り口にボードを立てて、一日の始まりに見られるようにする。こうすると、視覚で日課をつかむことができる。

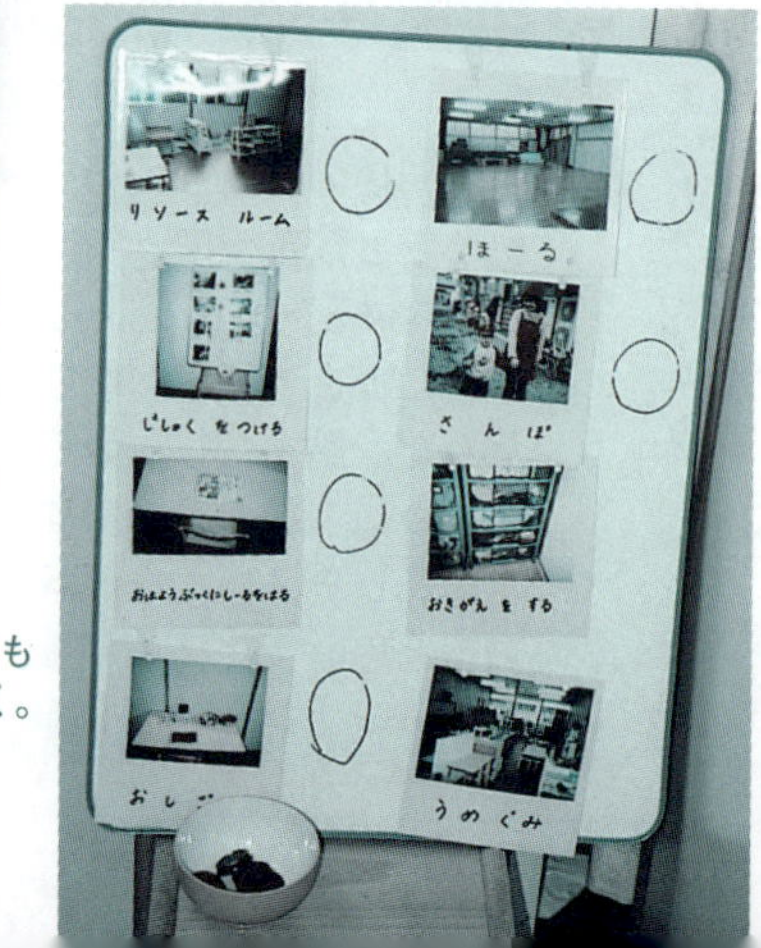

→場所や保育内容も写真でわかりやすく。

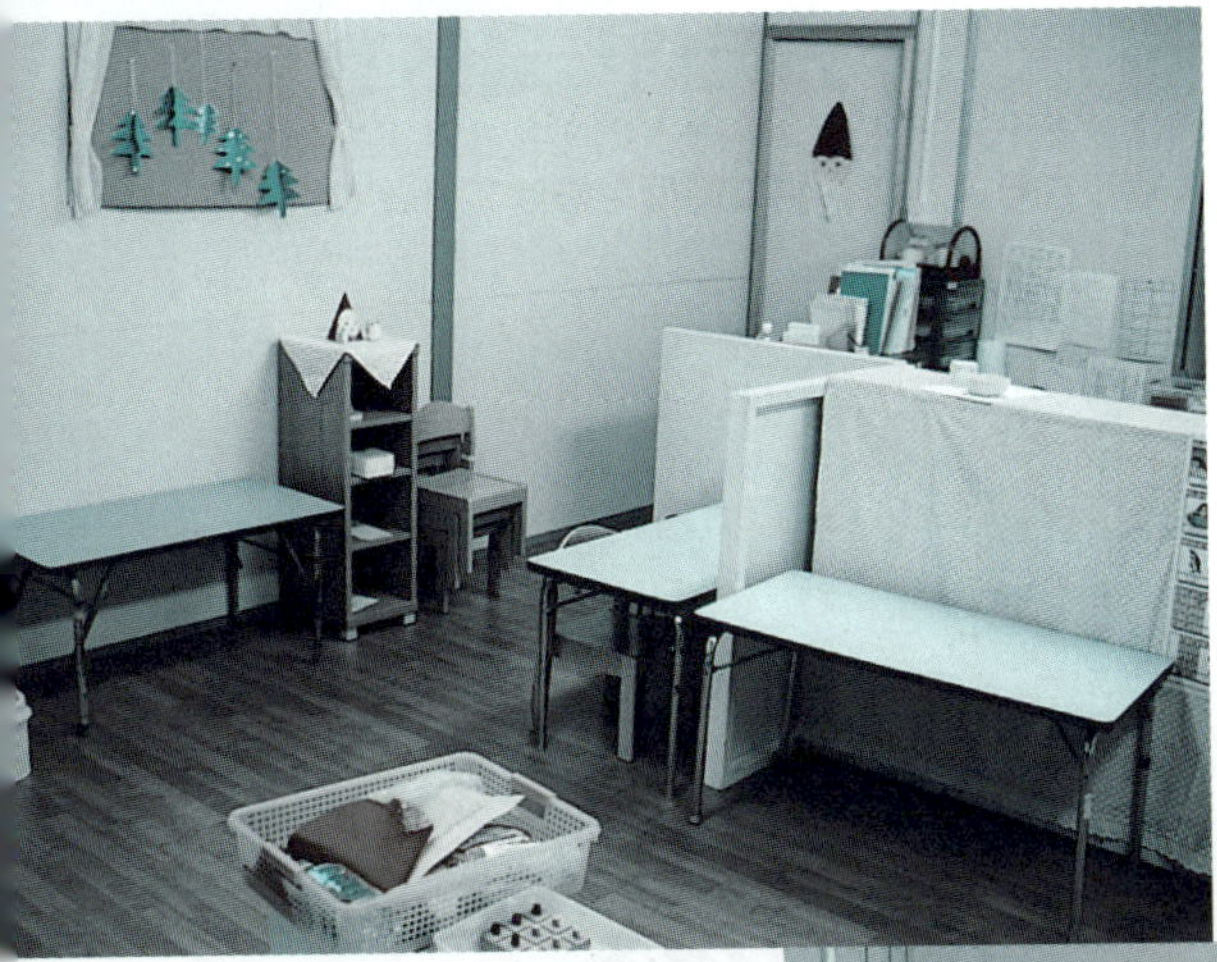

●外からの刺激を制限する

感覚が鋭敏で、目や耳からの情報が入りすぎる子には、外からの刺激を制限するようにします。

例えば、部屋の中にしきりを作って視覚的な刺激を制限したり、落ち着かないときには、一時的に別の部屋に移動したりしてもよいでしょう。

↑リソースルームの中。作業をする机についたてがあると、自分がやることに集中しやすくなる。リソースルームだけではなく、ほかの保育室にもこういったスペースを設けている。

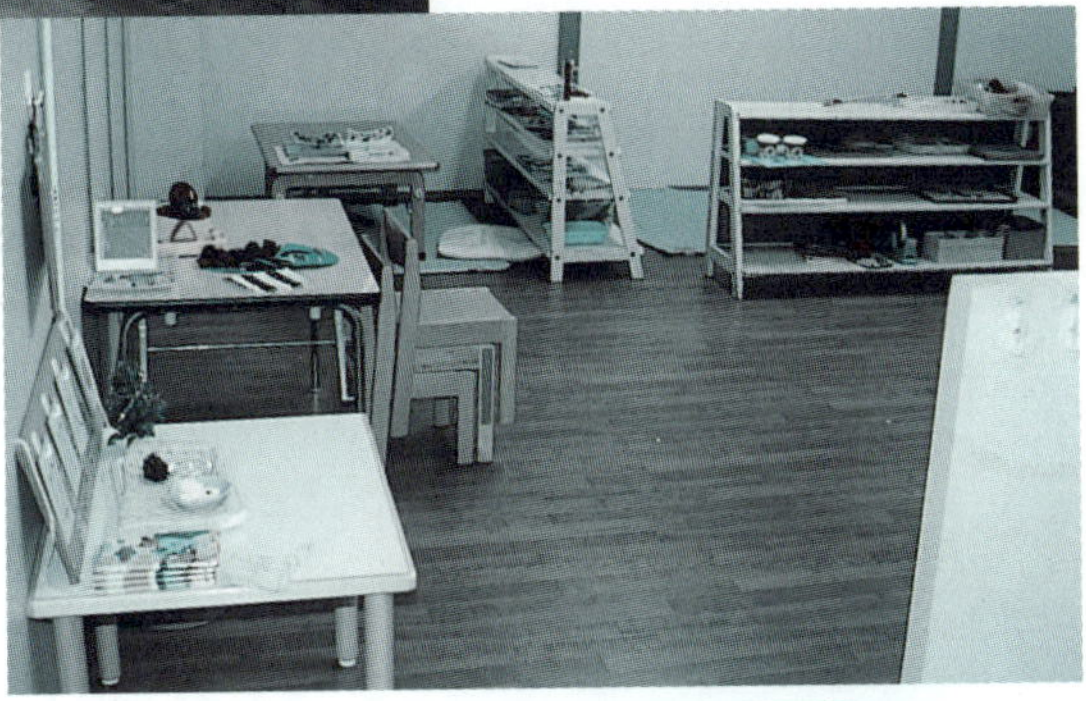

→室内には、それぞれのコーナーがあそびごとに設けられている。

「リソースルーム」ってなあに？

「リソースルーム」*とは、発達障がいを持つ子や、その傾向があるなど、より個別的支援を必要とする子のためのスペースです。

リソースルームでは、集団での作業が難しい子が、一時的にクラスから離れ、自分のペースで自分に合ったレベルの作業に取り組めるようになっています。

そこで、「できる」という経験を積み重ねることによって自分自身の力を信じられるようになり、セルフエスティーム（221ページ参照）を高めることができます。そうすると自分のクラスに帰ってから、みんなの中でもあそべるようになり、落ち着けるようにもなっていきます。

最終的には、社会適応を目ざすシステムで、ずっとそこで過ごすことが目的ではありません。その子の世界を広げて、周りの状況に適応できるようにしていきます。リソースルームは、クラスとの懸け橋なのです。

＊リソース（resource）には、必要・緊急の場合に援助を求める（頼りにする）物・人・方法という意味があります。

●効果的な運動や作業

これらの運動は、自分のペースでできるように、特に時間を設けて行っています。

粗大運動

体全体を使う運動が粗大運動です。身体のバランスをとるのが難しそうだったり、手先の運動が苦手そうだったりしたら、試してみましょう。このような運動を行うと、脳と体の神経の伝達がうまくいくようになり、感覚が統合されてバランス感覚が養われます。

- ・平均台の上を歩く、巧技台を上ったり降りたりする。
- ・トランポリンで跳ねる。
- ・脚立を上って下りる。
- ・台から飛び下りる。
- ・鉄棒をする。
- ・布のトンネルをくぐり抜ける。
- ・歩く、走る。
- ・転がる。　など

微細運動

微細運動は、手先を使う細かい運動です。集団では、これらの技術の習得は難しいので、個別の時間を設けます。最初は、苦手意識からいやがる子も多く、指先を使うこと自体、その感覚が気持ち悪くて拒否する子もいます。10～15分間を期待したいところですが、まずは無理せず5分間くらいの短い時間から始めるとよいでしょう。

- ・はさみで切る。
- ・のりではる。
- ・ビーズをひもに通す。
- ・トングでつまむ。
- ・はしを使う。
- ・ひもを結ぶ、ほどく。
- ・縫う。
- ・ボタン、スナップ、チャック、洗濯ばさみなどを使ってあそぶ。
- ・感覚刺激を楽しむ（小麦粉粘土、フィンガーペイント、スライムなど）。など

Column

セルフエスティームとは？

セルフエスティームは、特に軽度発達障がいを持つ子どもたちには、とてもたいせつな概念です。セルフエスティームの「セルフ」とは、自分・自己を意味し、「エスティーム」には、考える、評価する、尊重するなど、たくさんの意味があります。セルフエスティームに当たる日本語としてよく聞かれるのは、「自己評価」「自尊感情」などですが、英語の原語には、もっと深い意味が含まれています。

セルフエスティームは、「性格・長所・弱点・障がい・特技・外見など、自分のすべての要素を元に作られる自己イメージに対して、自分の価値を評価し、自分をたいせつにしよう」と思う気持ちです。これが高いと、自己イメージや、自己価値観が高く、自分をたいせつにしようと思う気持ちが強くなります。

軽度発達障がいを持つ子どもたちは、多くの子が普通にできることができないため、セルフエスティームが低くなりがちです。セルフエスティームが低いと、自分は価値のない人間だと思ってしまい、最悪の場合、自殺という方向へ向かうこともあります。その原因が、「なんでこんなこと、できないの」という大人の何げないことばだったりするのです。逆にセルフエスティームがある程度高ければ、自分は価値のある人間だと思えるので、注意されたことを率直に聞き入れ、自分を向上させることができます。

わたしたち大人は、子どもの好ましくない行動に対してはしかりますが、ことばの内容や言いかたによっては、子どもの心を傷つけてしまうことがあります。わかっていながら、なかなかできないことなのですが、「悪いのは、その行為であり、その子自身ではない」というふうに認識し、その子の人格をさげすむようなことばは絶対に口にしないようにしたいですね。

（高山）

保護者への対応Q&A

障がいを持つ子のケアには、保護者との関係も大きく影響します。また、ときには保育者が、保護者自身の心の支えになることも求められるでしょう。ここでは、障がいの発見と保護者への対応について考えていきたいと思います。

集団生活を送る園は、子どもの発達の違いがもっともわかりやすい場所です。保育者は、幼児期に障がいを発見できる良いポジションにいるという意味で、早期発見についての責任を担っていると言えるでしょう。

ただし、障がいの発見について、法律的な義務はありません。障がいを持っている子やその家族について、必要以上に介入したり、診断を無理に勧めたりすることはできないということを、いつも心に留めておいてください。

また、経験のある保育者や、専門家の目を通して見てもらうなど、地域の協力を得ながら、その子についての認識を深め、保護者に伝えていくこともたいせつです。

（上林）

Q1 発達が気になったときには、すぐに保護者に、診断を受けるよう勧めるべきでしょうか？

A

記録を取ることから始めて

診断は、基本的には、その子への対応の手がかりを知るためのものです。もし、社会性の発達などに支障があるならば、診断を受けたほうがよいでしょう。周りの大人が、何も知らずに接するのと、子どもの状態を知って接するのとでは、サポートに大きな違いが出ると思います。

また、その年齢で身に付けておきたい生活習慣や、コミュニケーションの力などを考えると、なるべく早く診断を受けるのが望ましいですね。

しかし、診断は、一つのでき事だけを取り上げてできるものではありません。発達が気になる子がいたら、行動をよく観察し、記録をつけておくようにします。半年以上その特徴が続くようならば、記録と合わせて診断を受けるのがベターです。

また、保育者と保護者の間で、その子についてのありのままの情報を交換して、共通認識ができていることが望ましいですね。家庭と園では違う行動をしていることもあるので、より多面的な情報が必要です。情報交換をすることで、対応の幅も広がります。

（上林）

環境を整えてみよう

まずは、気になる行動が障がいのせいなのか、環境のせいなのかを見極める必要があるでしょう。保護者から家庭でのようすを聞き、いくつか考えられる原因があったら、改善して経過を見ます。

以前に相談を受けた、ことばの出ない3歳児の場合、家庭ではずっとビデオを見て過ごし、親子の会話がないという状況でした。そこで、ビデオをやめ、会話を増やし、1か月ようすを見てもらうと、まもなく発語するようになったのです。環境を改善してみても、行動に変化がない場合は、診断を受けるとよいでしょう。

診断を受けるタイミングとしては、子どものセルフエスティーム（221ページ参照）が下がり、二次的情緒障がい（劣等感、不登園など）が起こる前が理想的です。「ぼくなんかいなくてもいいんだ」と思うほど本人の価値観が下がってからでは、支援がより難しくなります。子どものセルフエスティームにも注目し、予防的介入をすることがたいせつです。

（高山）

Q2 保護者に障がいの話を切り出すには、どうしたらよいでしょうか？

おはしが、だんだんうまく使えるようになってきていますね
おうちでは、どうですか？
えーと、うちではどうだったかしら

A 「焦らず確実に」が鉄則

保護者に障がいの相談をする前に、いくつかの心構えと準備が必要です。第一に「保育者が困っているから」ではなく、「その子が困っているから」支援をしたいという強い思いがあること。まずその思いが保育者になければ、うまくはいかないでしょう。そして、その子への具体的なケアをしっかりと準備し、実践してみることです。これらは、保護者からの信頼を勝ち得るかぎとなります。

これらのことを踏まえたうえで、個人面談を持ちかけましょう。そこでは、慌てて専門機関での診断を勧めるのではなく、保護者の思いや考えをよく聞いて、情報を収集します。そして、必要な手だてをいっしょに考えながらサポートしていきたい、ということを話します。また、面談は、一回ですませようと思わず、定期的に行うようにします。

話し合いをするうえで、重要なのは、「年中」の時期です。保護者にとっても、周りの子どもとの違いが見えやすく、就学に対して関心が少しずつ出てくるころだからです。この時期を逃さず、「最善の対応をするために専門的な診断や情報があるとよい」ことを伝え、その手段として専門機関へ相談に行くことを提案しましょう。相談できるような専門機関を数か所紹介し、保護者に考えてもらいます。もし、保護者にその意志がないようであれば、無理には勧めず、次のチャンスを待つこと。ただし、何も伝えず卒園を迎えることは避けたいですね。

（わかくさ保育園）

Q3 障がいを受け入れられない保護者には、どのように接すればよいのでしょうか？

A 相手の心の状態を見て

保護者の障がい受容は、否定からスタートすることが多くあります（表参照）。本を読むなどして、わりとすぐに最終段階まで達する人もいますが、行ったり来たりの揺れを繰り返す人もいます。一度「診断を受ける」と言いながらも、それを撤回する人もいます。

相手の心が6段階のどの段階にあるのかをつねに考えながら話をするようにし、プッシュしすぎないように注意しましょう。また、保育者は自分の意見を押し付けずに、事実を客観的に話すことが肝心です。

また、まったく話を聞こうとしない保護者には、無理にひとりで対応することは避け、ほかの保育者や園長に対応してもらうことも考えましょう。そのうえで保育参観や、ビデオ録画でようすを認識してもらう方法もあります。

（高山）

受け入れられないのがあたりまえ

最初は、受け入れられない保護者がほとんどだと思います。以前から本を読んで、勉強をしていた保護者でも、いざ専門機関への相談を勧められると、「やっぱりそうだったのかしら！」と、大きく動揺することがあります。子どもの障がいを受け入れられるまで、保護者の心のサポートをしていくことは、とてもたいせつなことです。

（わかくさ保育園）

■保護者が障がいを受容するまでの6段階

① 否認・拒否　（障がいの否認）
→② 怒り　（周囲への怒り反応）
→③ 取り引き　（訓練などへの没頭）
→④ 抑うつ　（障がいに対するあきらめ）
→⑤ 受容　（個性としての障がいの受容）
→⑥ 希望　（新しい生きかたと価値観の創造）

●出典／『ADHDの明日に向かって　認めあい・支えあい・赦しあうネットワークをめざして』著／田中康雄（星和書店）

Q4 保護者から相談を受けたときは、どう対応すればよいでしょうか？ わたしには心配がないように見受けられますが……。

A 根拠のないことは言わない

どんな相談であっても、根拠がないときは、気軽に「だいじょうぶですよ」とは言わないほうがよいですね。後になって障がいを持っていると診断されたとき、本人や保護者、ひいては保育者自身にとっても良くない結果になってしまうことがあるからです。

心配しすぎていると感じるときでも「そういうご心配があるんですね。では、わたしたちも保育をしながら、注意して見ておくようにします」というように対応します。

（わかくさ保育園）

ちょっと心配しているんですが…
では、わたしたちも見ておくようにしますね

Column

ネットワークを結ぶことを考えて

▼地域との連携をとろう

園の中だけではうまく子どもと保護者を支援できない場合は、地域の保健センターや、療育機関の専門家などに相談してみるとよいでしょう。地域によっては、心理士が巡回している場合もあります。こういったパイプは、一度作っておくと、後に役だつことも多いものです。

いきなり診断を求めるのではなく、「こういう場合は、どのように対応していったらよいか」など、まずは保育者自身の悩みとして相談するとよいでしょう。電話相談などを受け付けている機関に連絡してみてもよいですね。また、専門的な知識が欲しいと考えているならば、さまざまなところで行われている研修を受けることをお勧めします。

（わかくさ保育園）

▼ひとりでがんばりすぎないで

子どもや保護者を支援するためには、保育者がひとりでがんばりすぎないことがとてもたいせつです。いつもなら大目に見られる子どもの行動が許せなくなったり、家庭を始終訪問して親代わりに子どものケアをするなどの職域を超えた行動に、自分で気づかなくなることもあります。燃え尽き症候群に陥らないためにも、発達が気になる子や障がいを持つ子を受け持っているというストレスをじょうずに発散させることも必要です。

また、障がいを持つ子の親の会を紹介するなど、保護者を関係機関と結び付けるという方法があります。そこでは、障がいに関する情報が手に入り、同じような経験をしてきた人の話を聞くこともできます。

（高山）

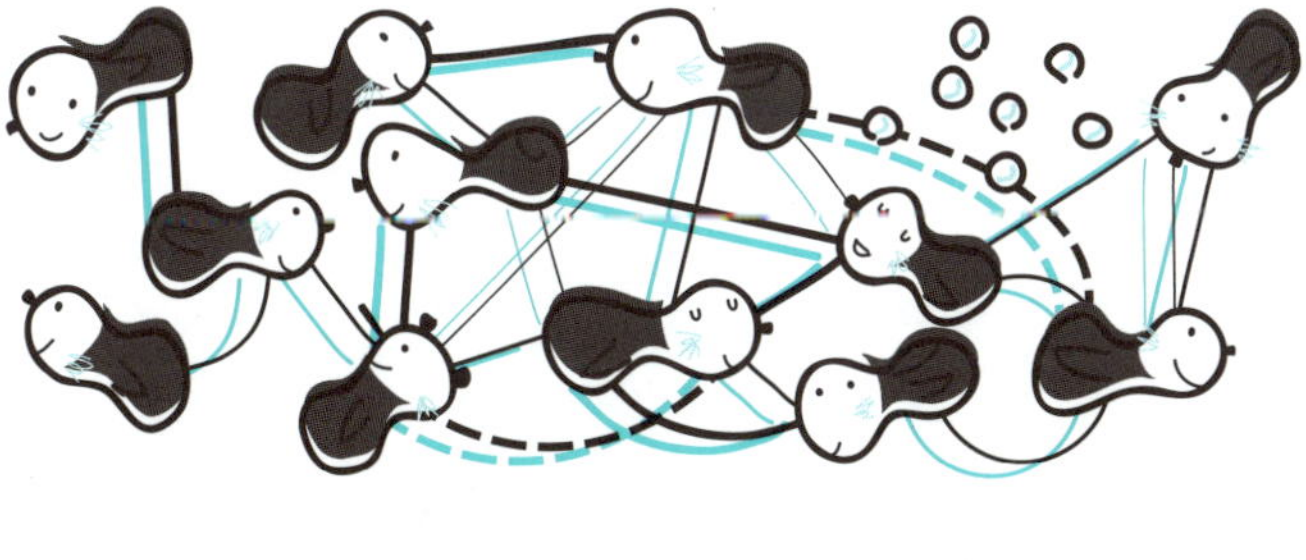

相談機関情報

障がいを持つ人やその家族が、自分たちだけで問題を抱えないためには、行政機関や医療機関、支援団体などとのネットワークを作っていくことが有効です。ここでは、発達障がいの相談、診療の流れと、支援団体、相談・医療機関をご紹介します。

※TEL・FAX番号は、変わることがあります。あらためてホームページ上でご確認ください。

障がいの専門機関を紹介する前に

子どもに関する問題は、どうしても母親に負担がかかるものです。しかし、母親だけでなく父親やほかの家族も、ともに理解していこうとする姿勢が必要になります。保育者が各種機関への相談の橋渡しをするときに、家族内での意見の食い違いがあると、期待するほどの効果を上げることができません。保育者が接することの多い母親だけでなく、家族全体の考えを確認し、互いに納得したうえで、紹介するようにしましょう。

これだけは「目・耳・口で」確認しておこう

□保護者は子どもについてどのように考えているか。
□保護者は子どもとどのようにかかわっているか。
□保護者は家族からどのような役割を期待されているか。
□保護者がすでに相談している機関はあるのか。
□保育者の考えは園全体の合意を得ているか。

専門機関を利用するまでの流れ

まずは、行政による情報提供を受けるとよいでしょう。必要に応じて、小児専門病院を受診し、地域の療育機関を利用します。

幼稚園や保育園に通いながら療育機関を利用する場合や、療育機関のみを利用する場合など、さまざまなパターンがあります。

家族

↓ 相談

行政

●地域の保健（福祉）センターや保健所

- 乳幼児健康診査、子ども家庭支援、育児相談などの部門に分かれている。
- 保健（福祉）に関する総合的な相談や支援を行う。

●地域の児童相談所

- 18歳までの児童のあらゆる問題について相談に応じるとともに、専門的な調査、判定、指導を行う。

受診の勧め →

← 医学的所見

小児専門病院

- 医学的診断とそれに基づく相談や指導、治療を行う。

サービスの提供・利用 →

地域の療育機関

- 障がいを持つ乳幼児に関するさまざまな相談や指導、訓練を行う。
- 医療部門を併設するところもある。

支援団体　NPO法人 えじそんくらぶ

代表／高山恵子

えじそんくらぶとは？

2002年にＡＤ/ＨＤの正しい理解の普及と、ＡＤ/ＨＤを持つ人々を支援し、ＡＤ/ＨＤを障がいとしてクローズアップするのではなく、豊かな個性の一つとして長所を伸ばし、弱点を克服できるよう支援する団体として設立されました。

この分野で先端を行くアメリカからの最新情報の収集、情報配信、セミナー開催などさまざまな活動を続けている、日本で最大のＡＤ/ＨＤ支援団体です。現在、えじそんくらぶの会は、全国に14か所あり、会によっては専門家も参加し、成人のＡＤ/ＨＤやアスペルガー症候群を含めたトピックの勉強会を実施しています。

えじそんくらぶでは、AD/HDをどうとらえている？

えじそんくらぶの理念の一つに、「ＡＤ/ＨＤは理解と支援で個性になる」ということがあります。ＡＤ/ＨＤの特徴を理解し、ＡＤ/ＨＤを持っていることによるハンディキャップ（日常生活での支障）を軽減することで、ＡＤ/ＨＤ的症状は、一つの個性にすることができます。さらに、ＡＤ/ＨＤを単なる障がいとしてとらえるだけでなく、才能として活用することも可能なのです。

つまり、見かたを変えれば、「一つのことに集中できない」ことは、「多くのことに興味を持てる、同時にいくつもの仕事をこなせる」ということであり、「衝動的である」ことは「実行力と行動力がある」と言うことができるのです。たいせつなことは、周囲からの理解あることばかけによって、本人の自信喪失を防止することです。支援の第一歩は思いやりのあることばかけであり、そのためにはＡＤ/ＨＤの正しい情報が不可欠であると考えます。

●連絡先

事務局住所：〒358-0003
埼玉県入間市豊岡1-1-1-924
FAX：042-962-8683

●ホームページURL

http://www.e-club.jp/

※各地域の支部のホームページ、連絡先などもこのホームページで見ることができます。

●E-mail

info@e-club.jp

●主な活動

・ＡＤ/ＨＤ関連の書籍販売
・定例会、講演会などの実施
・個人・集団指導
・カウンセリング、コンサルティング
・ＡＤ/ＨＤ指導者養成講座の開催
・ペアレントトレーニング
・ニュースレターの配布
・定例会等のビデオの貸し出し
・ボランティア・サポーターの養成、派遣
など

支援団体　NPO法人 アスペ・エルデの会

統括ディレクター／辻井正次（中京大学）　顧問／杉山登志郎、石川道子

アスペ・エルデの会とは？

アスペ・エルデの会は発達障がいを持つ人を支援する団体です。名称の由来は、アスペルガー症候群からとった「アスペ」と、LDからとった「エルデ」からきています。高機能自閉症やアスペルガー症候群、LDなどの発達障がいを持つ人や、その家族を対象としています。

当初は、学習障がいを持つ子どもの研究プロジェクトから出発し、現在は、当事者である親たちが運営の中心となり、専門家とパートナーシップを結ぶ地域発達支援システムへと形を変えてきています。現在、東海地区で10の親の会が正会員団体となっており、正規会員の保護者は、事務局や実行委員会のスタッフとして活動しています。

アスペ・エルデの会では、発達障がいをどうとらえている？

発達障がいといっても状態像は多様です。また、同じ診断名でも、子どもの個性や発達の状況、年齢、置かれた環境などによって目に見える症状は異なります。さらに、個々の人がらもあります。障がいがあるということでひとくくりにするのではなく、ひとりひとりのことをしっかり理解しようとすることがたいせつです。

特に、自閉症を中核とする広汎《こうはん》性発達障がいの場合、その半数ほどは知的障がいを持ちません。これは、今まで一般的にとらえられていた障がいのイメージとは一見異なるように見えます。しかし、幼少時からの一貫した指導がないと二次的な問題が大きくなり、知的な能力は高くとも社会適応は難しくなることがあります。発達障がいを持つ人たちが、問題となるリスクを減らしていく意味でも、より良い人生を確かなものにする意味でも、早期からの専門的な療育や発達支援が必要です。

●主な活動

- 専門家による個別発達プランの作成、支援
- 専門家の養成
- 地域での専門情報の啓発
- 情報誌の定期刊行
- 専門書籍の発行
- 研究活動

など

●連絡先

NPO法人　アスペ・エルデの会事務局
〒452-0821
愛知県名古屋市西区上小田井2-187
メゾンドボヌー201

●ホームページURL
http://www.as-japan.jp/j/index.html
※各地域の支部のホームページ、連絡先などもこのホームページで見ることができます。

●E-mail
info-k@as-japan.jp

支援団体　社団法人 日本自閉症協会

会長／石井哲夫

日本自閉症協会とは？

自閉症協会は、自閉症を持つ人に対する援護・育成を行うとともに、自閉症に関する社会一般への知識の普及を図り、それによって自閉症を持つ人の福祉の増進を目ざしています。その前身は、昭和42年から活動を始めた自閉症児者親の会全国協議会で、平成元年に現在の社団法人の認可を受けました。全国に48か所の支部があり、自閉症を持つ人やその保護者を中心に、専門家・ボランティアによって運営されています。

●主な活動

・機関紙の発行
・療育キャンプ
・相談事業
・全国各地での研修会
・調査・研究
・本部・事務局での専門家による電話・面接相談
（予約制）

●連絡先

〒162-0051 東京都新宿区西早稲田2-2-8
TEL：03-3232-6478
FAX：03-5273-8438
●ホームページURL
http://www.autism.or.jp/
※各地域の支部のホームページ、連絡先などもこのホームページで見ることができます。
●E-mail　asj@mub.biglobe.ne.jp

医療・相談機関　まめの木クリニック・発達臨床研究所

まめの木クリニックとは？

まめの木クリニックは、幼児から中学生の子どもたちのクリニックです。医師による医学的診断、臨床心理士による心理診断を行うとともに、ソーシャルワーカーによる家族や子どもたちを取り巻く環境調整を図り、子どもの心の発達と心の健康を支援します。また、ペアレントトレーニングのプログラムも実施しています。

発達臨床研究所とは？

発達臨床研究所では、家族をはじめ教育関係者、子どもの発達にかかわる相談機関の関係者の相談や、研修会の講師派遣を行っています。また、児童精神医学関連の講座を開催しています。

●スタッフ

上林靖子（中央大学教授・児童精神科医）
藤井和子（ソーシャルワーカー・臨床心理士）
森田美加（臨床心理士）
診療日／水・金・土曜日　10：00～17：00

●連絡先

〒133-0052
東京都江戸川区東小岩５-33-23
TEL＆FAX：03-3671-5360
（保険診療は完全予約制）

Book紹介

「発達が気になる子」への理解を深めるために

子どもの発達とかかわりの深いAD／HDやLD、アスペルガー症候群などについて、理解を深めるために読んでほしいブックリストです。

『嫌な子・ダメな子なんて言わないで　ADHDを持つ子の姿と支援法』

NPO法人えじそんくらぶ代表・高山恵子／監修　品川裕香／著　（小学館）1300円

AD/HDを持つ子とかかわる保護者、教師の日々が紹介されている。トラブルを起こしがちな子が、問題なく社会生活を送るために必要なサポートのしかたを、具体的に解説。AD/HDの最新医療情報と診断基準表付き。

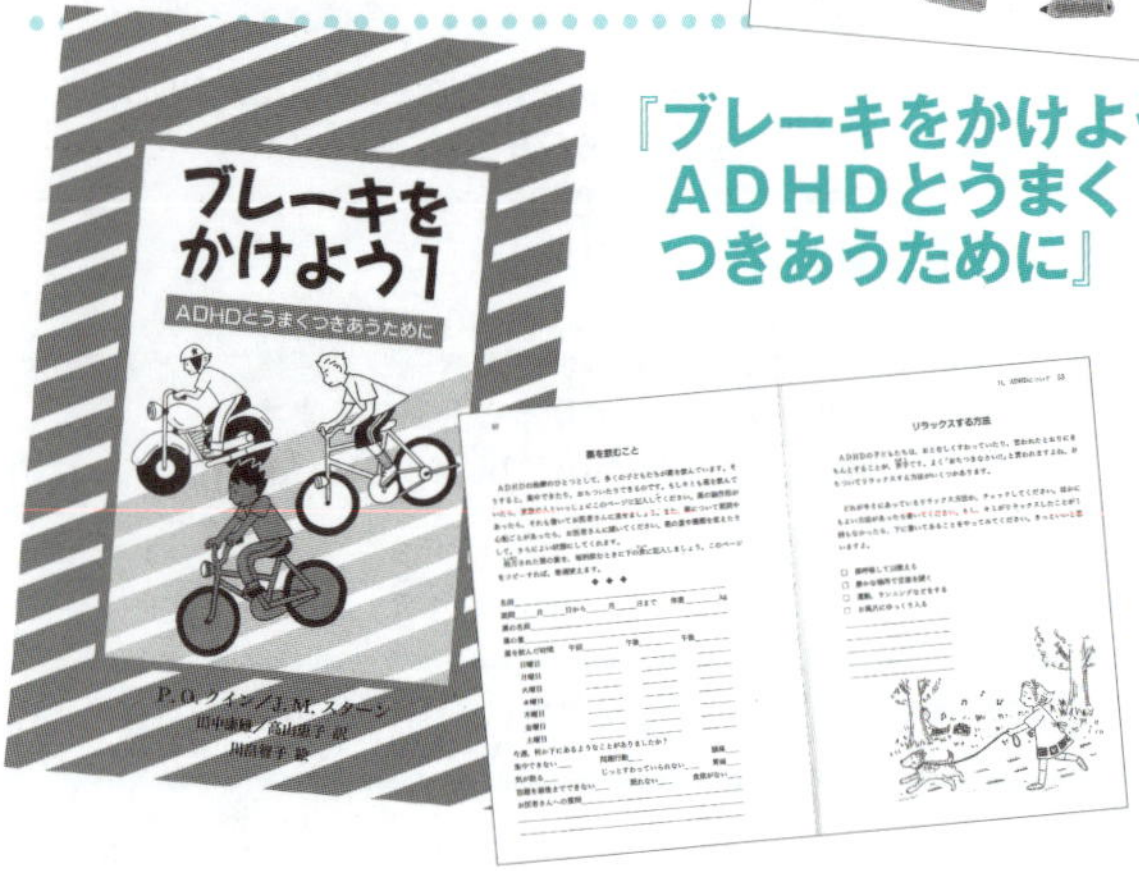

『ブレーキをかけよう1 ADHDとうまくつきあうために』

パトリシア・O・クイン　ジュディス・M・スターン／著
田中康雄　高山恵子／訳
（えじそんくらぶ）1200円

小学校高学年～中学生向けに書かれた、AD/HDのわかりやすい解説書。AD/HDの子どもたちと、保護者、教師、保育者など、子どもとかかわる大人たちがいっしょに学べる実践的テキスト。トレーニングにすぐ使えるワークシート付き。同じ著者による、中高生を対象とした『ブレーキをかけよう2』もある。

『LD・ADHD, 気になる子どもの理解と援助』

丸山美和子／著
（かもがわ出版）1200円

保育・教育現場からの発達相談に携わっていた著者が、LDやAD/HDはどんな障がいか、子どものアンバランスな発達が気になるとき、それをどう理解して保育の見通しを立てたらよいかを、保育者向けに解説した1冊。

『読んで学べるADHDのペアレントトレーニング むずかしい子にやさしい子育て』

シンシア・ウィッタム／著　上林靖子
中田洋二郎　藤井和子　井澗知美
北道子／訳　（明石書店）1800円

著者が治療スタッフとして、何千という家族にかかわり、効果を上げたペアレントトレーニングを紹介。子どもへの対応、ことばの掛けかたなど、よい例よくない例を提示しながら、具体的に示すガイドブック。

＊「ペアレントトレーニング」については、209ページを御参照ください。

『アスペルガー症候群と高機能自閉症の理解とサポート』

杉山登志郎／編著　（学研）1800円

幼児期から就労期までの成長を踏まえて、アスペルガー症候群や高機能自閉症の理解とサポートについて、ポイントを絞って解説。障がいを持つ子どもたちの教育や療育に携わる人たちのための、実践的な解説書。手記や座談会など多角的で、理解が深まる内容となっている。

『AD／HDとはどんな障害か 正しい理解から始まる支援』

上林靖子／編著　（少年写真新聞社）1300円

AD/HDの子どもに対してどんな支援をしたらよいか、医学的治療やペアレントトレーニングなどを紹介。子どもの社会性を育てるためのスキルや、教育のありかたなど、正しい理解を得るための解説書。

『自閉症療育ハンドブック』

佐々木正美／著
（学研）2400円

ひとりひとりの個性や能力に合わせた、保育・教育・療育の現場でのシナリオ作りのための入門書。自閉症の診断や評価の方法、不適応行動にどう対応するかなど、現場で悩むすべての人に答える書。

＊価格はすべて税別です。『ブレーキをかけよう１』のお問い合わせ、購入は234ページを御覧ください。それ以外の書籍は、書店で購入できます。

えじそんくらぶの本

『ボクたちのサポーターになって!! 2 改訂版 AD／HD 薬にできること・できないこと』

田中康雄　高山恵子／共著
（えじそんくらぶ）450円

薬物治療、心のケアなどのサポートを、具体的・簡潔にまとめた１冊。教育機関との連携を探るうえで、保護者の4編の手記は得がたい情報になっている。手記では、いちばん気になる「高校受験」の話も紹介。

『ボクたちのサポーターになって!! 注意欠陥多動性障害を理解するための手引き』

田中康雄　高山恵子／共著
（えじそんくらぶ）300円

ＡＤ/ＨＤを正しく理解するために、子どもたちの状況を実例を挙げて説明。この問題に取り組むための必要最小限の情報が、わかりやすくまとめてある。

『ちゃんと見えているかな？ 改訂版 視覚の専門家オプトメトリストからのメッセージ』

北出勝也／著
（えじそんくらぶ）400円

視覚機能に問題を抱える子とＡＤ/ＨＤを持つ子の症状は酷似し、また、ＬＤやＡＤ/ＨＤを持つ子どもたちの中には視覚機能に問題が多く見られる。この本ではその点を踏まえたうえで、視覚の専門家オプトメトリストが、「見えること」と「わかること」をトレーニング方法などを交えて解説。チェックリスト、検査資料付き。

『アスペルガー症候群の理解と対応　新しい障害のモデルから考える』

田中康雄　佐藤久夫
高山恵子／共著
（えじそんくらぶ）
450円

アスペルガー症候群について解説。ＷＨＯ（世界保健機関）による障がいのモデル「ＩＣＦ」や保護者の手記など、「障がい」を新しい視点から考えるヒントが満載！

『今、親にできること よりよい親子関係のために』

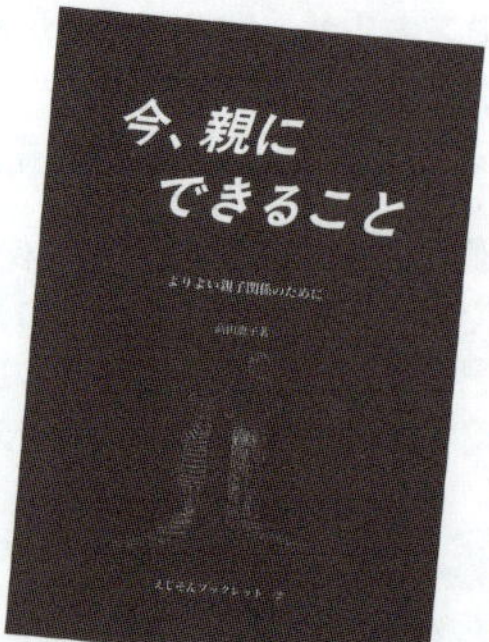

高山恵子／著
（えじそんくらぶ）350円

子どもによくない影響を与える保護者の12のタイプ、子どもの問題行動の裏にある4つの心理など、「親子関係がしっくりいかない原因」が発見できる。保育現場でも参考になる情報がいっぱい。

＊価格はすべて税別です。
232ページの『ブレーキをかけよう１』を含め、えじそんくらぶの本は、「えじそんくらぶ」ホームページで注文できます（229ページを御参照ください）。

キーワード索引

50音順に配列してあります。数字は、該当ページです。

回答者一覧

（敬称略・50音順）

この本でお答えをいただいた
かたがたです。

天野優子
風の谷幼稚園園長
（神奈川県）

青木久子
国立音楽大学附属幼稚園園長（東京都）
国立音楽大学教授

大國ゆきの
東京成徳短期大学助教授

榎本光代
押立保育園
主任（東京都）

岩立京子
東京学芸大学教授

伊藤裕子
聖徳大学教授

上林靖子
中央大学教授

鎌田なおみ
わかくさ保育園
リソースルーム担当（東京都）

影山竜子
わかくさ保育園
主任（東京都）

大日向雅美
恵泉女学園大学教授

高橋光代
敬愛フレンド保育園
園長（東京都）

柴田愛子
りんごの木代表（神奈川県）

久保珠恵
新座市立北野保育園
（埼玉県）

窪　龍子
和泉短期大学教授

富田富士也
子ども家庭教育フォーラム代表

寺見陽子
神戸親和女子大学教授

滝口俊子
放送大学大学院教授

高山恵子
NPO法人
えじそんくらぶ代表

野呂文行
筑波大学講師

野田幸江
東京都教育委員会
アドバイザリースタッフ

西垣吉之
黒野保育園（岐阜県）
中部学院大学短期大学部助教授

中川信子
東京都調布市健康課
「子どもの相談室」

兵頭恵子
富士見幼稚園
主任（神奈川県）

日高幸子
前・大田区立上池台保育園
園長（東京都）

早崎淳子
ルンビニー幼稚園
副園長（東京都）

波多野誼《ぎ》余《よ》夫《お》
前・慶應義塾大学教授

藤森　守
おともだち保育園
副園長（東京都）

藤崎真知代
明治学院大学教授

福原裕美
八幡幼稚園（東京都）

平田智久
十文字学園女子大学教授

諸富祥彦
千葉大学助教授

松村はるみ
足立区立大谷田幼稚園
園長（東京都）

松村和子
鶯谷さくら幼稚園副園長（東京都）
文京学院大学助教授

淵上規后子
東京メンタルヘルス・
アカデミー カウンセラー

渡辺康麿
立正大学教授
セルフ・カウンセリング学会主宰

山野智美
むくどり保育園
（神奈川県）

山崖俊子
津田塾大学助教授

安見克夫
板橋富士見幼稚園
園長（東京都）

staff*

取材・編集制作
●グループこんぺいと（菅野満喜子　太丸ミヤ子　萌木立みどり）

表紙・大扉デザイン
●長谷川由美（ON SIDE）

表紙・大扉写真
●ハービー・山口

撮影協力
●平塚幼稚園（東京都）

背表紙イラスト
●箕輪絵衣子

本文デザイン
●ヒューズ（村上ゆみ子　ホリコシミホ）

本文イラスト
●上大岡トメ　長谷川芳一　長谷川まき　ひろいまきこ
星野イクミ　箕輪絵衣子

校閲
●田中裕子

好評発売中!

現場ですぐに役立つ ラポム ハンドブックシリーズ

0・1・2歳からの育ちをみる——子育て支援には欠かせない1冊

よくわかる 新 保育所保育指針 ハンドブック

子どもの発達のようすと発達に合った保育の実例を紹介

- 監修:石井哲夫(白梅短期大学学長)
- A5判　2色刷り　全192ページ
- 定価/本体1,500円(税別)

生きる力を育むとは——に答える1冊

実践 新 幼稚園教育要領 ハンドブック

キーワードを基に具体的な実践例とあそびを紹介!

- 監修:無藤 隆
(お茶の水女子大学子ども発達教育研究センター・教授)
- A5判　2色刷り　全192ページ
- 定価/本体1,500円(税別)

子どもの突然のケガや病気に対応できる1冊

すぐ役立つ 救急 ハンドブック

イラストで子どもの状態をチェック!
応急手当や病気の知識をわかりやすく解説

- 監修:田中哲郎・石井博子
(国立保健医療科学院・生涯保健部)
- A5判　2色刷り　全176ページ
- 定価/本体1,500円(税別)

●内容に関するお問い合わせは… 学研 幼児ソフト企画開発部　ラポム編集室　TEL03-3726-8416
●ご購入・ご注文は、お近くの書店様へお願いいたします。